フレンチの基本

髙良シェフのおいしい理由

レストラン ラフィナージュ
髙良康之
Yasuyuki Takara

好奇心こそが、
ひと皿の味わいを深めてくれる

　子供の頃から、ものを作ることや機械いじりが大好きでした。音の出なくなったラジオや掃除機を分解して、また組み立ててみたり、コードを見れば外してみたり。どうやって出来上がっているのか、その成り立ちにとても興味があり、自分もなにかものづくりをしてみたいと、その頃から漠然と意識していました。

　F1が大好きで、エンジニアになりたかった。高校時代はバイクの改造に夢中。部品を買うお金がいるので、喫茶店でアルバイトをしたのです。キッチンで簡単なものなら作らせてもらったりして、それを、すぐ目の前のお客さんが喜んで食べてくださる嬉しさと楽しさを知り、次第に料理への興味が強くなっていきました。機械油が、植物油に変わったきっかけです。

　料理は、自動車やバイクのレースのようなどんでん返しや大逆転はありません。でも、続けることで、必ず結果がついてくる。しょっぱくなってしまった。焼きすぎてしまった。失敗をたくさんしても、そこで挫折するのではなく、気がつくチャンスと捉えること。それを繰り返すことで、食材の特性がわかってきたり、これはどういうことなんだろう？　と好奇心を抱かせてくれる。続けていく中で、だんだんと答えが見えてくる。それが楽しいんですね。

　火の前、台所に立ったときのワクワクする気持ち。それを忘れずにいることが、料理を作る一番のモチベーションなんだと思います。そうやって料理に向かっていれば、自ずと目の前の食材に興味を持つし、季節感も考えるようになる。さらには、気候風土や歴史、古典料理、さまざまなことに目が向くようになる。たった1個の卵、スプーン1杯の小麦粉が、どんなふうに変化し、料理にどれだけの影響を及ぼすかを、考えるようになるのです。そうして、さまざまなことに目を向ければ、そこには必ず、受け継がれてきた料理然り、道具然り、それに携わった人がいて、人の手で作り、守り、発展させてきたことがわかる。フライパンを作る人がいなければ、今作っている料理もできなかった。そんな部分に気持ちを寄せることがまた、料理を成長させてくれるのです。

　この本では、料理好き、フランス料理好きの方を想定して、家庭でもできるレシピを中心に紹介しています。フライパンひとつで作るのも、何度も素材を鍋に入れたり出したりする。一見面倒ですが、フランス料理って、こうやって作るのか、こんなふうに作業や味を重ねていくものなのかと知ってもらうことで、フランス料理への興味を深め、また新たな好奇心を生み出すきっかけになれば、とても嬉しいです。

髙良康之

Takara L'AFFINAGE

Sommaire

はじめに………3
好奇心こそが、
ひと皿の味わいを深めてくれる

Leçon2
フランス料理の扉の前にいるあなたに

基本のレシピと
テクニック
Les techniques de base de la cuisine française

本書の決まりごと
- 大さじ1＝15ml、小さじ1＝5mlです。
  同じ材料（主に油など）でもレシピによって大さじや小さじで表記しているところと、使用量が多かったり、何度かに分けて使う場合にはmlで表記しているところがあります。
- バターはすべて食塩不使用のものを使用しています。
- オリーブオイルと表記しているものはピュアオイル、E.V. オリーブオイルと表記しているものはエクストラヴァージンオリーブオイルを使用。特に使い分けをせず、すべてエクストラヴァージンオリーブオイルでも構いません。
- 植物油と表記しているレシピでは、くせのない白いオイル（白絞油、太白ごま油、なたね油、米油など）を使用してください。
- フォン・ド・ヴォー、グラス・ド・ヴィアンドは、缶詰などの市販品を使用して構いません。残りは小分けして冷凍しておくと便利。
- 本書のレシピでは、肉や魚の重量に対する、おおよその塩の分量を表記しています。調理前に使用する食材の重さを量り、必要な塩の分量を割り出して使用してください。
- レシピで特にことわりがない限り、野菜を洗う、皮をむく、へたを取るなどの基本的な記述は省略しています。
- 調理途中で「塩ひとつまみ」「塩少々」「軽く塩を振る」と表記してあるところは、およそ塩1gを目安にしてください。

Leçon 1

プロの味わいを
フライパンひとつで

髙良シェフ直伝
シンプル・フレンチ

La cuisine française à la poêle en toute simplicité

フライパンは、何より万能な調理道具です。

フライパンほど、日々の料理と密接に関わる道具はありません。
長年、毎日のように厨房に立ち、料理を作れば作るほど、皿の上の料理のみならず、食材や道具といった、
料理を生み出すすべてのものの、成り立ちにも興味が及んでいきます。
厨房ではフライパンはある意味、消耗品です。悪い意味ではなく、
それだけ仕事をたくさんしてくれる道具、私たち料理人には不可欠のよき相棒です。
使い込まれた鉄製フライパンはもちろんのこと、
フッ素樹脂加工のフライパン、軽さが特徴のフライパン、
少し深めで浅鍋にも使えるようなフライパン、使い勝手の良いものが日進月歩で開発されています。
フライパンで調理をすることの一番の魅力は、1人分、2人分の料理をア・ラ・ミニュットで作れること。
そのとき食べたいものを気負わずサッと作り、香りを逃すことなく、できたてで楽しめるのです。
オーブンのように上火で焼くことはできませんが、じっくりと両面を焼けば
ローストビーフなどのかたまり肉も香ばしく仕上げることができ、
また、蓋をうまく活用することで蒸し煮のエチュベやブレゼなど
本場のビストロさながらのフランス料理も、ちょうどいい量で仕上げることができます。
本書では、可能な限りソースも同じフライパンで作れて
煮込みも短時間で仕上がるような組み立て方を考えてみました。
私自身も改めてレシピに向き合え、それは楽しい時間でした。
フライパンは食材を焼くためだけの道具。
まずはそんなイメージを取り払ってしまえば、可能性はうんと広がります。

フライパンの材質で、料理の工程も変わります。

鉄

フッ素樹脂加工

この章で使用したフライパンは、鉄製とフッ素樹脂加工製の2種類。それぞれ大（25cm、26cm）と小（18cm）を、料理によって使い分けています。各レシピに使用したフライパンの材質とサイズを記してあるので、参考にしてください。フッ素樹脂加工製は側面の立ち上がりが深めなものにすれば、2～4人分の煮込み料理も作ることができます。かたまり肉などは、フライパンの縁の高さから少し出る程度の大きさを限度にすること。それ以上大きくなると、火入れにムラが出てしまいます。写真のフッ素樹脂加工25cm径は深さ5.7cm、18cm径は深さ5.2cm（o.e.c.フライパン／貝印株式会社）。

油をなじませる

鉄のフライパンは扱いにくいイメージがありますが、それほど神経質になることはありません。食材がこびりついてしまうのは、油がなじんでいないから。しっかりと熱し、油をなじませて使えば、例えばクレープなら、柄をトンッと叩くだけできれいにはがれるなど、驚くほど扱いやすくなります。蓄熱性が高く、一度温まれば、安定した状態で調理できるのもメリット。使い始めはたっぷりの油を入れて加熱し、なじませてから余分な油を捨ててください。使用後のフライパンは、洗剤で洗うと、せっかくなじんだ油が落ちてしまうので避けること。お湯とたわしで洗ってから水けを拭き取り、空焼きして乾かします。乾かした後に薄く油を塗っておいてもいいでしょう。繰り返し使ううちに油がよくなじみ、それも必要なくなってきます。

ニュアンスをつけたい料理に

フッ素樹脂加工のフライパンと違い、鉄のフライパンの表面にはわずかな凹凸があります。食材を焼くとき、その凹凸にかすかに引っかかる感触が残るのが、鉄製の特徴。1cm程度の厚みのステーキも、引っかかりがあることでフライパンの底面に密着し、反り返らずに焼くことができるのです。ガレットやクレープなどの生地の表面につくチリチリとしたおいしそうな焼け具合、かたまり肉のローストの、しっかりとした焼き色とジューシーな断面。煙が上がることでつくスモーキーな香りなど、単に焼くだけでは出せないニュアンスを表現できるのも、鉄製のいいところ。

ゆったりとした調理に

表面にツルツルとした加工が施されたフッ素樹脂加工のフライパンは、食材がこびりつかず、オイルレスで焼くことができる使いやすさもあり、ほとんどの家庭に普及しているのではないでしょうか。鉄製のように強火で空焼きすると、加工がもたなくなってしまうという面にさえ気をつければ、その特性を生かして、さまざまな調理が可能です。一番の利点は、冷たい状態から食材を入れて火にかけても、こびりつく心配がないこと。徐々に温度を上げていきながら、焦らずゆったりと調理ができます。試しに野菜を並べて、弱火で素焼きにしてみてください。じっくりと加熱するうちに、表面に汗をかいたように水分がにじみ、香りが立ち上ってきます。余分な水

分が抜けた分、野菜の味はぎゅっと凝縮。ひとつまみの塩を振り、おいしいオイルをかけるだけでとびきりの焼き野菜が完成です。鶏もも肉なども、冷たい状態からゆっくりと焼くことで、肉が縮まずにふっくらと仕上げることができます。

"焼き"以外の料理にも万能

やや深さがあり、側面がまっすぐ立ち上がっている形状のフライパンを選べば、軽い煮込み料理にも対応します。肉や魚をソテーして取り出し、同じフライパンでそのまま野菜を炒めたり、酒などの水分を入れて煮込んだりできるので、たくさんの鍋を動員する必要がありません。フライパンひとつで、レストランさながらの料理を仕上げることができるのは、大きな魅力です。

「大切なのは、ゆとり」。
フライパンの中の空間を意識すると、
調理にも余裕が生まれます。

水分の余裕をもたせる

固形や粉末状の調味料やスパイス、細かな食材などを加える前には、酒や水などを加えて水分の余裕をもたせたベースを作ること。後から入れた調味料や食材が1カ所に固まったり、焦げつくことなく全体になじみやすくなります。また、メイン食材の大きさを揃えておくことも、ムラなく均一に味を入れるための大切なポイント。

素材に
窮屈な思いをさせない

野菜やきのこなど、量の多いものをフライパンに入れたら、そのつど、ひとつまみの塩を振って炒め、カサを減らすことで、次の食材や調味料を入れるための空間を作ります。フライパンの中で素材に窮屈な思いをさせないよう、一つひとつ、順番に丁寧に重ね合わせていく作業で、仕上がりに差が出ます。

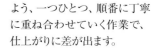

素材を
出し入れさせる

表面を焼くなどして加熱した肉や魚は、いったん取り出して次の出番まで少しお休み。野菜を炒めたり、酒を煮詰めたりといった工程を経たベースを作り、受け入れ準備が整ったところで戻し入れましょう。ソースの煮詰めすぎや、メイン素材の火の入れすぎを防ぐことができます。

見える蓋で状況観察
ジャストのサイズを用意

フライパンでの調理に、蓋は必須アイテム。素材のもつ水分や、少量の水分で蒸し焼きにしたり、優しい火加減で煮込んだりといった調理はもちろん、生米からピラフを炊き上げることもできます。ぴたりとはまるサイズで、透明のガラスの蓋を用意してください。中の様子を確認できることで、焦らず次の準備をすることができます。

冷たい油から時間をかければ、
肉が縮まずジューシーに揚がる

深めのフッ素樹脂加工のフライパンでの揚げ物。パン粉などの衣がついていないものであれば、冷たい油に素材を入れてから火にかけることも可能です。温度を気にせず、徐々に油が温まっていく中で、ゆったりと揚げられるこの方法は、ふだん揚げ物をやらない人にもおすすめ。手羽先などの骨付き肉は特に、ジューシーに揚がります。

トマト、マッシュルーム、にんにく
味わい深める、おうちフレンチの
三種の神器

フランス料理というと、肉や魚、野菜などからとった、贅沢なフォン（だし）が味の要となり、レストランでは何種類ものフォンを使い分けるのも当たり前。ですが、ここで紹介するのは、フライパンひとつで気軽に作れるフレンチのレシピです。ごく一部で鶏のブイヨンやフォン・ド・ヴォー（市販品で代用可）を使っているもの、また水の代わりにフュメ・ド・ポワソン（魚介のだし）を使うとより味わいが深くなると解説している料理も登場しますが、基本的には"だしいらず"で作れるレシピが中心です。フォンを使わず、調理をしながらフライパンの中で味を深めていくために欠かせない、いわば三種の神器ともいえるのがトマト、マッシュルーム、にんにくの3つ。メインの食材となる肉や魚から出る旨味を下支えし、骨格を作ってくれる大切なアイテムとして本書レシピには頻繁に登場します。

レシピに登場するエシャロットはベルギー・エシャロットのことです（写真右）。主に、料理に甘みを出したいときには玉ねぎ、香りを添えたいときにはエシャロットと使い分けています。スーパーマーケットなどでよく見かける、らっきょうに似たエシャレットは別物なので、誤って使わないように気をつけてください。

|Chapitre 1|Poulet|
鶏肉

フライパンでの調理法は、
やはり「焼く」が中心ですが
こと肉の調理では、たんぱく質と加熱の関係を
どう考え、扱うか、がポイントになります。
鶏むね肉のソテーは冷たいフライパンに油と肉を
入れてから火入れを開始。ごく弱火で、
そしてゆっくりと火を入れていくのが鉄則です。
鶏肉のたんぱく質は56℃〜58℃で凝固し始めるため
いきなり熱いフライパンに鶏肉を入れると
一気に肉が締まって固くなってしまう。
刻々と変わりゆく肉の状態を、どう見極め、
どうコントロールするか?
自分のイメージする料理を目指して、まずは鶏肉から
始めてみましょう。

Sauté de poulet aux herbes de Provence

鶏もも肉のソテ エルブ・ド・プロヴァンスの香り

シンプルなチキンソテーも、ハーブの香りをまとわせるだけで、ぐっとよそ行きの雰囲気になります。ハーブを絡めて直接フライパンの火に当てるときには、焦げやすいフレッシュではなくドライハーブが最適。使いすぎると風味が重くなるので、塩と同量を限度にしてください。フッ素樹脂加工のフライパンなら、鶏肉を冷たい状態から徐々にゆっくりと火入れできるので、初心者でも焦らず作業を進めることができますよ。

直径25cmのフッ素樹脂加工フライパン

【材料】(1人分)
鶏もも肉……1枚(250g)
塩……2.5g(肉の重量の1%)
エルブ・ド・プロヴァンス……2.5g
オリーブオイル……大さじ2
レモン(厚めの輪切り)……適量

＊エルブ・ド・プロヴァンスはタイム、バジル、フェンネルなど南仏の代表的な香草を混ぜたミックスハーブ。代わりに、タイムやローズマリーなど好みのドライハーブを使用してもよい。分量は塩と同量を限度に使うこと。

鶏肉の下準備

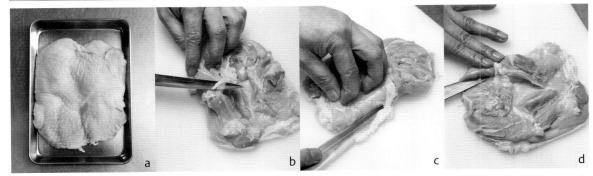

a　　　b　　　c　　　d

1　鶏もも肉を皮目を上にして広げた状態(a)。上部がももの付け根側(お尻側)で、下部がスネ側(足首に近く白く太い腱が集中している)。骨を抜いた部分の肉が、上から下にかけて凹んでいるのがわかる。この形状を意識しながら焼くことで、仕上がりが変わってくる。
2　肉は冷蔵庫から出したてを使う。皮目を下にして置き、指で触って硬く感じる筋や、骨を抜いた周りに残っている軟骨などを、包丁で切り取る(b)。切り取りすぎても肉がばらけてしまうので、目立つ部分だけでよい。
3　出ている余分な脂は、ここで切り取っておく(c)。
4　身の厚いところを切り開き、厚みを均一にする(d)。こうしておくと、火の通りにムラができにくい。

01 塩とエルブ・ド・プロヴァンスを混ぜ合わせたものを用意し、鶏肉の皮目に振る。

02 裏返して肉側にもまんべんなく振る。バットに落ちた塩とハーブも、残さずしっかりと鶏肉につけ、全体をなじませる。

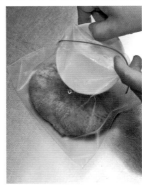

03 保存バッグかポリ袋に2の鶏肉とオリーブオイル大さじ1を入れる。

04 袋の外側から手で軽く押さえてなじませ、15分ほど冷蔵庫に入れる。
＊油と一緒に短時間マリネすることで、鶏肉にハーブの香味をしっかりとまとわせます。

05 フライパンにオリーブオイル大さじ1を入れる。

06 4の鶏肉を袋から出し、皮目を下にして広げるようにのせ、弱めの中火にかける。
＊冷たいフライパンに油と鶏肉を入れてから火にかけるのがポイント。温まってきたらフライパンを少しゆらし、皮とフライパンの間に油が入るようにします。

07 トングで鶏肉の中心を軽く押さえながら焼く。
＊肉に熱が入り始めると収縮が始まり、骨を抜いた中心の身の薄い部分が浮くので、軽く押さえてフライパンに密着させます。

08 肉の端を反るように持ち上げて、皮目の中心をフライパンに密着させてもよい。

09 皮目をパリッとさせるのは後からでよいので、フライパンも肉も動かして構わない。ここではまだ油が汚れず、透き通った状態を保っている。

10 肉の縁が白くなってきたらひっくり返し、スプーンで油をすくい、皮目をアロゼする。

＊アロゼとは油やソースを素材にかけること。フライパンを傾けたままアロゼするとフライパンの中の温度が下がるので、油をすくうときだけ手前に傾け、肉にかけるときはフライパン全体が火にかかるように動かします。

11 焼き色を見ながら何度かひっくり返し、火の通りにくいスネ側や身の厚い部分を重点的にアロゼする。油の気泡が小さくなってきたら、皮目を下にして動かさずにしばらく焼き、パリッとさせる。

12 スネ側に皮目からフォークを刺し、透き通った肉汁がしみ出てくれば焼き上がり。バットに取り出し、数分落ち着かせてから皿に盛り、レモンを添える。

ハーブの香りの油を肉にまとわせるようなイメージでアロゼする。油の気泡が小さくなると、肉にほぼ火が通った合図。ここからは動かさずに焼き色をつける。

焼き上がりを切ってみると、厚い部分までしっかりと火が通り、パサつきもない。

Sauté de poulet
façon chasseur aux champignons

鶏もも肉のソテ
きのこのシャスール

鶏肉の焼き方の基本をマスターしたら、次はソースをつけて。とはいえハードルを高くせず、同じフライパンで肉とソースを一緒に仕上げるレシピ。"シャスール"とは猟師や狩人という意味で、本来はエシャロット、マッシュルームにお酒やブイヨンを使うソースですが、ここではブイヨンを入れず、たくさんのきのことトマトで旨味の骨格を作りました。付け合わせとしてもたっぷりと楽しめるソースです。

直径 25cm のフッ素樹脂加工フライパン

【材料】(2 人分)

鶏もも肉……1 枚 (250g)
塩 (鶏肉用) ……2.5g (肉の重量の 1%)
きのこ (マッシュルーム、エリンギ、
　しめじ、舞茸など) ……合わせて 160g
にんにく (皮付きのまま潰す) ……1 片
ミニトマト (横に半割りにする) ……5 個
エストラゴン……1 枝
イタリアンパセリ (みじん切り) ……大さじ 1

白ワイン……50ml
バルサミコ酢……小さじ 1
水……50ml
塩……適量
オリーブオイル……大さじ 1 ½

01 鶏もも肉は p.17同様に下処理をしたら、全体に鶏肉用の塩を振ってなじませる。マッシュルームとエリンギは厚めのスライス、しめじと舞茸は小房に分ける。

02 フライパンにオリーブオイル大さじ1を入れて1の鶏肉をのせ、p.18〜19の手順6〜11と同様に焼く。肉の縁が白くなったらひっくり返し、身の面が白く変わったら火を止め、鶏肉をいったんバットに取り出す。

03 残りのオリーブオイルを入れてフライパンの温度を下げたら、にんにくを入れて弱火にかける。まだ温度が高いので、にんにくが焦げないようにミニトマトを入れる。塩少々を振り、にんにくの香りを出しつつ、ミニトマトを返しながら水分を出す。

04 にんにくが色づき始めたら、きのことエストラゴンを入れる。塩少々を振り、水分が出すぎてベチャッとならないよう、強めの中火にして炒める。

05 きのこのカサが減って色づき、フライパンの中に余裕ができるまで炒める。

06 2の鶏肉を皮目を上にして戻し入れる。鶏肉が酸味を吸わないよう、鍋肌から白ワインを回し入れ、半量まで煮詰める。

07 分量の水を鍋肌から回し入れて蓋をする。2分ほど蒸し焼きにして、きのこの旨味を引き出したら、鶏肉はバットに取り出し、ガス台の近くなど温かい場所で休ませる。

08 ソースの水分をとばしたらバルサミコ酢を加え混ぜ、にんにくとエストラゴンは取り出す。火を止めて、イタリアンパセリを混ぜる。切り分けた鶏肉とともに皿に盛る。

| Riz pilaf de poulet
à la citronnelle

鶏肉とレモングラスの
ピラフ

鶏肉のソテをお米と炊き込んで作るピラフは"髙良風チキンライス"。ちょっと遊んでみました。
鶏肉は、1枚丸ごと細かく切らずに加えることで、硬くならずふっくらと火が通ります。お米を
炊くブイヨンと鶏肉から抽出される旨味が相乗効果をなして味わいを深めます。にんにくやナム
プラーなどを米ではなく鶏肉の風味づけとして振りかけることで、味がぼやけることなく仕上が
ります。レモングラスの爽やかな香りがフレンチ・コロニアルな印象です。

直径 25cm のフッ素樹脂加工フライパン

【材料】(作りやすい分量)

鶏もも肉……1 枚 (220 〜 250g)
玉ねぎ (みじん切り) ……40g
にんにく (みじん切り) ……1 片分
米 (洗わない) ……1 合 (180g)
レモングラスの葉……5 本
鶏のブイヨン……200ml
ナムプラー……大さじ 1
ライム果汁……大さじ 1

塩……適量
植物油 (くせのないもの) ……大さじ 1
香菜……適量

＊鶏のブイヨンは市販のものでも可。なるべく食塩等無添加のものを。もしくは水でもよい。

01 鶏肉は硬い筋などを取り (p.17下準備を参照)、両面に薄く塩を振る。フライパンに植物油を入れ、鶏肉の皮目を下にして広げてから、弱めの中火にかける。

02 皮目に焼き色がついたらひっくり返し、もう片面の色が変わったらすぐに取り出す。
＊この後、米と一緒に炊くので、ここでは表面が焼き固まればよい。

03 フライパンの温度が高くなっているのでいったん火から外す。温度が下がったら玉ねぎを入れて中火にかけ、塩少々を振り、鶏肉から出た脂を吸わせるように炒める。

04 しんなりとしたら米を入れ、玉ねぎと同じ温度に上がるまで炒める。

05 ブイヨンとレモングラスを入れて塩を振る。
＊後から鶏肉の下味と、ナムプラーの塩気が加わるので、ここでの塩は控えめに。

06 ざっと混ぜたら鶏肉を皮目を上にして戻し入れ、香りづけとして鶏肉の上ににんにくとナムプラー、ライム果汁をかける。

07 ブイヨンが沸いたら蓋をし、弱火にしてときどきフライパンをゆすりながら炊く。

08 5分経ったところで、いったん蓋を外して米をざっくりと返し、再度蓋をしてさらに5分炊く。炊き上がったらそのまま5分蒸らし、レモングラスを取り除いてからピラフを器に盛る。鶏肉はスライスし、香菜とともにピラフにのせる。

| Suprême de poulet sauté et kumquat

鶏むね肉のソテと金柑のハーモニー

パサつきやすいむね肉をしっとりと焼き上げるには、強火は厳禁。常に温度を意識しながら、弱火で
焦らず火入れします。ポイントさえ外さなければ、終始フライパンで焼き上げられるので手軽ですよ。

直径 25cm のフッ素樹脂加工フライパン

鶏むね肉のソテ
【材料】（作りやすい分量）

鶏むね肉……2枚　　　白胡椒……適量
塩……肉の重量の1％　　オリーブオイル……適量

01 鶏むね肉は両面にまんべんなく塩、白胡椒を振る。

02 フライパンにオリーブオイルを入れ、鶏肉の皮目を下にして並べてから、ごく弱火にかける。
＊58℃から60℃を超えるとたんぱく質が凝固します。鶏や豚などの白い肉は特に、いきなり高い温度に当てると固くなってしまうので、ゆっくりと温度を上げていきます。

03 鶏肉の縁の部分がじゅくじゅくとしてきたら裏返し、うっすらと白くなったら、また裏返す。皮目を中心に焼きつつ、ときどき裏返す作業を繰り返しながら、ゆっくりと火を入れていく。

04 フライパンを火口から少しずらすようにして、しばらく放っておいても色がつかないくらいの弱火の火加減をキープ。
＊しばらく焼いても、オイルは汚れずきれいなままです。

05 表面に艶が出て、パチパチと水分が弾ける音がしてきたら、焼き上がりの合図。
＊鶏や豚などの白い肉はおおよそ63℃で中の水分（肉汁）が外に出始め、固くなります。オイルにもわずかに糸を引くような粘りが出てきて、皮目にちょうどよい焼き色がついてきたら引き上げます。

06 すぐに切ってみると、中まで火は通っているが、うっすらジューシーなピンク色。このまま網の上で休ませる。仕上げは鶏むね肉を2cmの厚さに切ってから、さらに半分に切り、器に盛る。付け合わせを彩りよく並べ、ソースを散らす。

付け合わせ・ソース

金柑（半割りをオリーブオイルでソテーしたもの）、ごぼうのコンフィ（切り分けたごぼうを鍋にひたひたのオリーブオイル、にんにく1片、塩とともに弱火で柔らかく煮たもの）、芽キャベツの葉(ゆでたもの)、イタリアンパセリの葉

ソース
100mlの白ワインを鍋に入れ1/3程度まで煮詰め、フォン・ド・ヴォー300mlを加えて沸かし、塩で調味し、水溶き片栗粉を加えてとろみをつける。
＊フォン・ド・ヴォーは市販品でよい。

Etuvée de poulet aux légumes

鶏むね肉と野菜のエチュベ

野菜の水分と少ない水だけで蒸すように火を入れます。鶏肉と野菜、それぞれをおいしく食べられる加減に塩をして、最終的に合わせてなじませるイメージ。合わせてから全体に塩をするよりも、味に起伏ができるのです。フライパンに残った旨味は軽やかなヴィネグレットソースに。シンプルながら味が凝縮した鶏肉と野菜の、いいアクセントになります。

直径 25cm のフッ素樹脂加工フライパン

【材料】(2 人分)

鶏むね肉……1 枚 (200g)
塩 (鶏肉用)……2g (肉の重量の 1%)
グリーンアスパラガス……4 本
ポロねぎ……1/2 本
かぶ……1 ½ 個

赤ワインヴィネガー……小さじ 1/2
粒マスタード……小さじ 1
塩 (野菜用)……適量
水……100ml
オリーブオイル……適量

01 鶏肉は両面に鶏肉用の塩を振る。グリーンアスパラガスは根元の硬い部分の皮をむき、3等分に切る。ポロねぎは厚さ1.5cmの輪切り、かぶは1個を4つ割りにして皮をむく。

02 フライパンにオリーブオイル大さじ1を入れ、鶏肉の皮目を下にしてのせ、中火にかける。熱が入り始め、肉がキュッと縮んできたらトングで押さえてフライパンに密着させ、側面の身の厚いところもフライパンの縁につけながら焼く。

03 焼き色はつけなくてよいので、皮目全体がうっすらと焼けたらひっくり返し、もう片面も色が変わる程度にサッと焼く。

04 火を止めて鶏肉をバットに取り出し、休ませる。

05 フライパンに残った油を拭き取り、野菜類を重ならないように並べて弱火にかけ、ゆったりと加熱する。表面に汗をかいたように水分がにじんできたら軽く塩を振り、うっすらと焼き色がついたらひっくり返してまた軽く塩を振る。

06 野菜からにじんできた水分に塩がなじみ、野菜にしっかりと浸透していく。
＊塩は一度に振るのではなく、火を入れながら、野菜の表情を見て少しずつ加減するのがポイント。

鶏むね肉と
野菜のエチュベ

07 　野菜の両面に軽く焼き色がついたら4の鶏肉を皮目を上にして戻し入れる。分量の水を鍋肌から回し入れて蓋をし、4分ほど蒸す。

08 　鶏肉の身の厚い部分に串やフォークを刺し、澄んだ肉汁がにじんでくれば火が通っている。

09 　火を止めて鶏肉と野菜を取り出す。

10 　フライパンに残った焼き汁に赤ワインヴィネガーと粒マスタードを加えて弱火にかける。

11 　加熱しながら全体を混ぜ、ヴィネガーのツンとした香りが軽くとんだら、フライパンに入っている液体量の3〜4倍のオリーブオイルを入れる。

12 　全体を混ぜて乳化したヴィネグレットソースができたら、火を止める。器に野菜を盛り、スライスした鶏肉をのせ、温かいヴィネグレットソースをかける。

Poulet basquaise

鶏もも肉のブレゼ
バスケーズ

バスケーズ（バスク風）といえば、ピーマンにトマト、にんにくといった野菜に、特産のピマン・デスペレットを使うのが定番ですが、実は欠かせないのが生ハムとタイム。塩蔵肉の熟れた風味とハーブの香りが、料理全体の下支えとなってくれます。材料を準備すれば、後は流れで作っていけますが、食材を加えるごとに塩をして炒める、といったひと手間ひと手間を忘れずに。▶作り方は p.30 参照

鶏もも肉のブレゼ
バスケーズ

直径 25cm のフッ素樹脂加工フライパン

【材料】(4 人分)
鶏もも肉……2 枚 (500g)
塩 (鶏肉用) ……4g (肉の重量の 0.8%)
玉ねぎ……1/2 個 (120g)
にんにく……1/2 片
パプリカ (赤) ……1 個 (180g)
ピーマン……3 個 (120g)
トマト……中 1 個 (150g)
生ハム……15g
トマトペースト……10g
白ワイン……50ml

タイム……2 枝
ピマン・デスペレット (粉末)
　……小さじ 1/2
塩……適量
水……100ml
オリーブオイル……大さじ 1 ½

＊ピマン・デスペレットは、フランス・バスク地方エスペレット村特産の唐辛子。辛味だけではない、独特の香りと旨味がある。

01 パプリカはピーラーで皮をむき、ピーマン、玉ねぎとともに5mmくらいの細さのせん切りにする。にんにくは厚めの輪切り、トマトは皮を湯むきして種を取り、5mm角に切る。生ハムはせん切りにする。

02 鶏もも肉は1枚を4等分に切り、両面に鶏肉用の塩を振る。フライパンにオリーブオイルを入れ、鶏肉の半量を皮目を下にして並べ、中火にかける。

03 皮目に焼き色がしっかりついたらひっくり返し、色が変わったらすぐに取り出す。

04 残りの鶏肉も同様に焼き、バットに取り出す。
＊フライパンの温度が下がって焼き色がつきにくくなるので、鶏肉は一度に全部を入れず、半量ずつ焼きます。

05 フライパンは中の油を残したまま、粗熱がとれてから弱火にかけ、生ハムを軽く炒める。縮れて香りが立ってきたら、にんにくを入れて炒める。

06 にんにくの香りが立ったら玉ねぎを入れ、サッと合わせてから塩少々を振って炒める。

07 玉ねぎがしんなりとしたらパプリカとピーマンを入れ、火を気持ちわずかに強めてざっと混ぜてから塩少々を振って炒める。

08 全体の温度が上がったところでトマトを入れる。塩少々を振って炒め合わせ、熱が均一に行き渡ったら、タイムを加えてさらに炒める。
＊野菜を入れたらそのつど塩を振り、全体の温度を上げてから次の野菜を入れていきます。

09 野菜にしっかりと火が通ったらトマトペーストを入れ、野菜の水分でのばすようにして混ぜ合わせる。

10 野菜の上に鶏肉を戻し入れる。

11 鍋肌から白ワインを回し入れ、フライパンをぐるぐると回して全体をなじませる。

12 ひと煮立ちしてアルコールの香りが抜けたら、分量の水を加え、蓋をして3分、蒸し煮にする。
＊鶏肉は先に表面を強めに焼いているので、加熱は短めに。だいたい3〜5分で火が入ります。

13 鶏肉に火が通ったらいったん取り出し、煮汁が少し残っているところでピマン・デスペレットを加えて混ぜ、鶏肉を戻し入れてなじませる。タイムを取り出して好みでピマン・デスペレット（分量外）を振りかけたら器に盛る。

Fricassée de poulet

鶏もも肉のフリカッセ

仕上げに生クリームを入れて白く仕上げる料理なので、鶏肉にも焼き色をつけないように気をつけて。クリーム煮といっても重くはなく、たっぷりと加えた白ワインの軽快な酸味が効いています。ワインを入れるタイミングを間違えると、野菜や肉に硬さが残ってしまうので、そこは注意してください。盛り付けのときにみじん切りのりんごを散らし、フレッシュな酸味を添えるのもポイント。

直径 25cm のフッ素樹脂加工フライパン

【材料】(4人分)

鶏もも肉……2 枚 (500g)
塩 (鶏肉用) ……4g (肉の重量の 0.8%)
にんじん……小 1/2 本
マッシュルーム……6 個
白ワイン……160ml
水……240ml
生クリーム (乳脂肪分 38%) ……200ml
塩……適量
植物油 (くせのないもの) ……大さじ 1 弱

りんご (皮付きのまま 5mm 角に切る)
　……適量
パセリ (みじん切り) ……適量

01 鶏肉は大きめの一口大に切り、鶏肉用の塩を振る。
＊皮目を下にして置き、押しつけるようにして切ると、皮が動かずきれいに切れる。

02 にんじんは厚さ5mmの半月切り、マッシュルームは厚めにスライスする。

03 フライパンに植物油を入れて鶏肉の皮目を下にして並べ、弱めの中火にかける。焼きムラができないよう、フライパンをゆすりながら、肉に色をつけないように焼く。

04 鶏肉の縁が少し白くなり、全体に熱が回ったところでひっくり返し、もう片面も白くなったらすぐに取り出す。

06 マッシュルームが縮み始め、にんじんの表面に照りが出てきたら、全体を混ぜながらしっかりと炒める。

＊ここでにんじんに火を通しておくこと。この後、白ワインを入れるとそれ以上、火が入らなくなります。

05 空いたフライパンに、火加減はそのままにしてにんじんとマッシュルームを重ならないように入れ、塩少々を振る。

07 にんじんに火が通ったところで白ワインを入れ、ひと煮立ちさせてアルコールをとばす。

08 鶏肉を戻し入れ、白ワインが半量になるまで煮詰める。

09 フライパンに分量の水を注いで塩少々を振る。沸いたら、フツフツとする火加減を保ちながら、軽く煮る。

10 全体がなじんだら鶏肉を取り出し、さらに煮詰めていく。

11 煮汁は水分が蒸発して、だんだんと野菜の糖分で濃度がついてくる。泡が細かくなり、フライパンの縁に粘りが出てくるまで煮詰める。

12 生クリームを加えて混ぜ、鶏肉を戻し入れる。ここからは煮詰めず、鶏肉に絡めるようにしながら生クリームを沸かし、なじんだら火を止める。器に鶏肉とソースを盛り、りんごとパセリを散らす。

Cassoulet
de manchons de poulet
et haricots blancs

手羽元と
白いんげん豆のカスレ

フランス南西部の郷土料理であるカスレは、特産の白いんげん豆に鴨のコンフィや
ソーセージ、ガチョウの脂などが入りますが、ここではフライパンで作れるよう、手
羽元でアレンジしました。バターをたっぷり入れて、動物性の油脂のコクをプラスし
ています。好みでソーセージやベーコンを入れてもいいでしょう。いろいろな旨味を
吸い込んだ白いんげん豆が、一番の主役です。▶作り方は p.36 参照

手羽元と
白いんげん豆のカスレ

直径 25cm のフッ素樹脂加工フライパン

【材料】(2〜3人分)
鶏手羽元……6 本 (480g)
塩 (鶏肉用) ……4.8g (肉の重量の 1%)
白いんげん豆 (乾燥、小粒のもの) ……150g
玉ねぎ (みじん切り) ……100g
にんにく (みじん切り) ……1 片分
トマトペースト……40g
バター (角切り) ……30g
塩……適量
植物油 (くせのないもの) ……適量

01 ［調理前日］
白いんげん豆はたっぷりの水に
一晩浸水させる。

02 白いんげん豆を戻した水と一緒
に厚手の鍋に入れて火にかけ、
柔らかくなるまでじっくりゆでる。

03 そのまま冷まし、ゆで汁(500ml)
は調理に使うので取っておく。

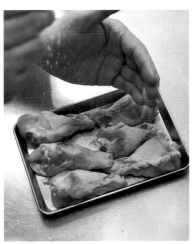

04 鶏手羽元に鶏肉用の塩を振る。

05 フライパンに植物油大さじ1強
を入れ、鶏肉を並べてやや強火
にかける。転がしながらしっかりと色を
つけるように焼く。

06 香ばしい香りが出てきたら火を
止めて、いったん取り出す。

07 空いたフライパンに植物油大さじ1強を足して弱火にかけ、にんにくと玉ねぎを順に入れて軽く塩を振る。焦がさず、フライパンに残った鶏肉の旨味をこそげながら、香りと甘みを引き出すようにゆっくりと炒める。

08 玉ねぎとにんにくがしっかりと炒まったら、トマトペーストを加えてなじませるように軽く炒める。

09 フライパンに鶏肉を戻し入れ、焦がさないように炒めて全体をなじませる。

10 3のゆでた白いんげん豆とゆで汁500mlを入れ、塩をふたつまみほど入れたら火を強め、ひと煮立ちさせる。

11 煮汁が沸いたら弱火にし、全体がなじんだくらいでバターを加え、蓋はせずに20分ほど煮込んで水分をとばしていく。ここでアクは取らなくてもよい。

12 だいぶ煮詰まり、表面に豆が表われてきたら味をみて、足りなければ塩で調える。ほどよく煮汁が減ってとろりとしてきたら火を止める。
＊温度が下がると豆がどんどん煮汁を吸ってしまうので、その分を考え、少し水分にゆとりがある状態で火を止めます。

Ailes de poulet et pommes de terre
braisées au romarin

手羽中とポテトのブレゼ
ローズマリー風味

手羽中とじゃがいもを焼いてから、少ない水分で煮ると蒸すを同時進行で行うようなイメージの調理法です。火の通りが一緒になるよう、サイズを揃えて切ること、はじめに香ばしさをしっかりと引き出しておくのもポイント。ほろりと骨から外れる鶏肉も、鶏の旨味を吸い込んだじゃがいもも、しみじみとするおいしさですよ。

直径 25cm のフッ素樹脂加工フライパン

【材料】(2 人分)

鶏手羽中……8 本（480g）
塩（鶏肉用）……3.8g（肉の重量の 0.8%）
じゃがいも（メークイン）
　　……小 2 個（1 個 80g）
にんにく（皮付きのまま潰す）……1 片
ローズマリー……1 枝
パセリ（みじん切り）……適量
白ワイン……50ml
鶏のブイヨン……100ml

バター（角切り）……15g
塩……適量
オリーブオイル……大さじ 1

＊鶏手羽中は、手羽先から準備する場合は p.44 を参照して下処理し、骨を出す。
＊鶏のブイヨンは市販のもので可。なるべく塩分などが無添加のものを使用する。

01 じゃがいもは皮付きのまま、手羽中と同時に火が通る大きさを考えて 3 等分の輪切りにし、両面に軽く塩を振る。

02 鶏手羽中は、全体に鶏肉用の塩を振る。

03 フライパンにオリーブオイルを入れて中火にかけ、火が入りづらいじゃがいもから並べる。

04 じゃがいもに焼き色がついてきたら手羽中の皮目を下にして並べ、じゃがいもをひっくり返してにんにくを入れる。

05 手羽中の皮目にこんがりと焼き色がついたらひっくり返す。じゃがいもは両面焼き色がついているので、立てて皮の部分も焼く。
＊後で煮ると焼き色が落ちてしまうので、ここでできるだけしっかりと焼いて香ばしい風味を出しておくのがポイント。

06 じゃがいもの皮にシワが寄ってきたら、ローズマリーと白ワインを入れ、液体がほぼなくなるまで煮詰める。

07 ブイヨンを入れて弱めの中火にし、蓋をしてしばらく煮る。
＊手羽中のゼラチンと、じゃがいものでんぷんが溶け出し、濃度がついてきます。

08 じゃがいもに火が通り、手羽中にも串がスッと入るようになったら、弱火にしてバターを入れ、フライパンをゆすって乳化させる。

09 ローズマリーを取り出し、パセリのみじん切りをたっぷりと入れて絡め、器に盛る。

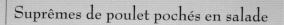

Suprêmes de poulet pochés en salade

鶏むね肉のポシェ
サラダ仕立て

アペロ＊におすすめのひと皿です。余熱でしっとりと仕上げた鶏むね肉は、サラダチ
キンや鶏ハムの感覚で、仕込んでおくだけ。あとはソースと添える野菜でアレンジさ
せて。ここではマヨネーズに、マッシュルームと丸麦、枝豆など身近なものを合わせ
ましたが、いろいろ楽しんでみてください。ワインが進みますよ。鶏肉に振る塩にグ
ラニュー糖を混ぜるのは、保水性を高めるため。棒状にして火の入り方を均一にする
のもポイントです。大きめの鶏むね肉を使う場合でも、余熱を入れる時間は30分で
大丈夫。

＊アペロとはアペリティフの略称で、本来は食前酒の意味ですが、"軽いおつまみ＆お酒を楽しむスタイル"
を指す言葉でもあります。

直径 25cm のフッ素樹脂加工フライパン

【材料】(作りやすい分量)
鶏むね肉……小2枚(合わせて250g)
塩……2.5g(肉の重量の1%)
グラニュー糖……2.5g(肉の重量の1%)

サラダ
マッシュルーム(厚めのスライス)……適量
丸麦(ゆでたもの)……適量
枝豆(ゆでたもの)……適量
わけぎ、イタリアンパセリなど……適量
基本のマヨネーズ(p.229 参照)……適量
牛乳……少量

01 鶏むね肉は皮をはがし、薄い膜や筋などを取り除く。塩とグラニュー糖を混ぜ合わせ、肉全体に振る。バットに落ちたものも余さず肉にまぶすこと。

02 ラップを広げ、1を皮が付いていた面を外側にしながら、細い部分が交互になるように重ね合わせてのせ、厚みを均一にする。

03 手前からラップをきつく巻いて棒状にし、両端の余ったラップをねじって紐で結ぶ。

04 ラップは収縮性があって加熱中に破れるおそれがあるので、アルミホイルでさらに包んで二重にする。アルミホイルの両端はねじって内側に折りたたむだけでよい。

05 フライパンに4と、4が半分浸かる程度の水を入れる。蓋をして強火にかけ、沸騰したら蓋を外してひっくり返し、再度蓋をして火を止める。この状態で30分ほどおき、余熱で肉に火を入れる。

06 30分経ったら肉を取り出す。切るのは冷めて落ち着いてからだが、アルミホイルを巻いたままで冷ますと、蒸れて雑菌が繁殖しやすくなる。熱いけれど手で触れるくらいになったら、アルミホイルははがす。

07 冷めたらラップに包んだ状態でスライスし、ラップをはがす。すぐに食べない分は断面が空気に触れないようにラップで包み、冷蔵庫で保存。3〜4日で食べ切ること。

08 サラダを仕上げる。器にスライスした鶏肉を並べ、マッシュルームをのせ、丸麦と枝豆を散らす。基本のマヨネーズを牛乳でゆるめたソースをかけ、わけぎの斜め切りとイタリアンパセリを添える。

Ailes de poulet frites aux épices

手羽中の唐揚げ
スパイス風味

ジューシーな唐揚げに、たれをかけたりするだけではちょっとつまらないというときに、ぜひ作ってみてください。揚げたての手羽中に、スパイスやトマトの旨味が溶け込んだソースを絡めれば、ワインが進む一品に。肉の下味にもガラムマサラを加えて、ソースのスパイスとつながりを持たせるのもポイントです。

直径 18cm のフッ素樹脂加工フライパン

【材料】(作りやすい分量)

鶏手羽中……6 本
ししとう……6 本
A
　生姜 (すりおろす)……1 片分
　にんにく (すりおろす)……1/4 片分
　塩……小さじ 1/4
　黒胡椒……適量
　ガラムマサラ……小さじ 1/4
　片栗粉……小さじ 1
溶き卵……1/2 個分

B
　パプリカパウダー……小さじ 1/2
　コリアンダーパウダー……小さじ 1/4
　クミンパウダー……小さじ 1/4
　黒胡椒……適量
　塩……小さじ 1/4
　グラニュー糖……小さじ 1/2
　水……50ml
トマト (みじん切り)……1/4 個分
クミンシード……小さじ 1/2
オリーブオイル……大さじ 1

揚げ油……適量
ライム……適量

＊手羽中の下処理はp.44参照。
＊ししとうは串で数カ所に穴を開けておく。
＊トマトは皮を湯むきして種を取ってからみじん切りにする。

01 ボウルにAを入れて混ぜたところへ、溶き卵を加えて全体をよく混ぜ合わせる。

02 手羽中を1に入れて全体に絡める。

03 フライパンに揚げ油を注ぎ、2の手羽中を入れてから強めの中火にかける。油の量は手羽中がちょうど浸かる程度が目安。

04 手羽中は骨の先を出しているので、火の通りは早い。油が沸いてから3分くらいで火が通るので、皮がパリッとしていい色になったら引き上げる。

05 同じ油でししとうも素揚げし、軽く塩 (分量外) を振る。フライパンに残った油は容器に移し、ペーパータオルできれいに拭き取っておく。

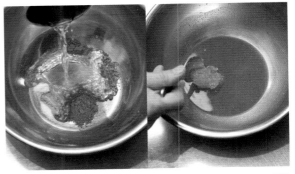

06 ボウルにBを合わせたところへ、トマトを加えてよく混ぜる。

07 空いたフライパンに
オリーブオイルとクミ
ンシードを入れて弱火にか
け、焦がさないようにゆっくり
と加熱する。

08 クミンの周りから小
さな気泡が出て、
うっすらと色づいてきたら、フ
ライパンをいったん火からお
ろして6を入れ、再び弱火に
かける。

09 鍋底が見えるくらいまでゆっくりと煮詰めて、とろりと
してきたら火を止める。4の手羽中を1本ずつ絡め、し
しとう、ライムの半割りと一緒に器に盛る。

手羽先を
手羽中にするには

手羽中の下処理

手羽先を購入して手羽中にする場合
は、手羽先の先端（a）を曲がってい
る方向とは逆に曲げて関節を折り
（b）、さらに折り返して（c）、骨を
出し（d）、先端を関節から切り離す
（e）。手羽中を購入した場合も、骨
の先を押し出しておくと火の通りが
早い。

a

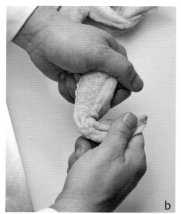
b

c

d

e

|Chapitre 2|Porc|
豚肉

牛や羊が「赤身の肉」だとすれば、豚は鶏と同じ
「白身の肉」。そして白身の肉は
たんぱく質が凝固する温度が赤身の肉よりも低く、
また水分も多くデリケート。
ソテーにしても、かたまりのローストにしても
弱めの火でゆっくり焼き、休ませる作業を繰り返します。
調理する過程では、
肉の表面温度と中心の温度は差異があるので
フライパンから取り出しては休ませる、を繰り返すことで
外側と中心の温度を均一化して、ゆっくり仕上げていく、
そういうイメージです。
また、プティ・サレ（塩漬け豚）を使ったビストロ風ひと皿や、
仔牛を豚に置き換えたブランケット仕立ての煮込みも
お教えしましょう。

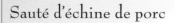
Sauté d'échine de porc

豚肩肉のソテ

豚肩ロース肉は、脂や筋を境にして、肉の繊維がいろいろな方向に交じりあっています。焼くうちに脂がキュッと縮まり、肉がふっくらとしてくるので火の通りもわかりやすい。鉄のフライパンを使えば、肉がしっかりと底面に密着し、反り返りの心配もありません。塩だけでシンプルに焼いたソテは、そのままでもおいしい。この「焼きの旨味」を極めると、シンプルな料理こその面白さが広がります。付け合わせの王道、じゃがいものピュレを組み合わせました。好みでマスタードを添えたり、季節の野菜を組み合わせてもいいですね。

直径 26cm の鉄製フライパン

【材料】(1 人分)
豚肩ロース肉（厚切り）……1 枚（150g）
塩……1.5g（肉の重量の 1%）
オリーブオイル……30ml

01 豚肉は冷蔵庫から出したての冷たいものを用意し、全体に塩を振る。バットに落ちた塩も残さず肉につけること。

02 フライパンにオリーブオイル20mlを入れて弱火にかけ、1の豚肉を、盛り付けで上になる面を下にして入れる。フライパンが温まってきたら、肉を持ち上げて下に油が入るようにしながら1分ほど焼く。

03 肉の縁が白くなってきたら、ひっくり返す。全体が白くなっているだけで、焼き色はまだついていない。鉄製のフライパンなので肉が底面に密着し、かつ弱火なので反りにくいが、浮きやすい脂身と筋を上から少し押さえながら焼くとよい。

04 肉の両面が白くなったら、いったん取り出して休ませる。弱火で焼いても、フッ素樹脂加工のフライパンよりは油が汚れやすいので、残った油は捨て、フライパンの底面をペーパータオルで拭き取る。

05 フライパンにオリーブオイルを10ml入れて弱火にかけ、休ませておいた豚肉を、盛り付けで上になる面を下にして入れる。肉の下に油が入るように時折、持ち上げつつ、脂身と筋を上から軽く押さえながら焼く。

06 徐々に肉の表面がふっくらとして少し盛り上がり、逆に脂身が縮んでくる。これを目安にひっくり返す。

07 火はほぼ入っているので、浮いてきた端の脂身を押さえながら焼く。肉の周囲から細かく気泡が出てきたら、焼けている合図。

08 網にのせて余分な油をきってからスライスし、器に盛る。付け合わせはじゃがいものピュレ（p.237 参照）。

Rôti de porc

ローストポーク

弱めの火で転がしながら焼き、休ませる作業を繰り返します。後述のローストビーフも同様ですが、ことに豚肉など白身の肉は、たんぱく質が凝固する温度が牛などの赤身肉よりも低く、また水分も多くデリケートなのです。肉の中心部まできちんと火が入って、なおかつ、しっとりと仕上げたいので、フライパンは熱のあたりが優しいフッ素樹脂加工のものを使い、弱火でじっくりと焼いていきます。付け合わせの焼き野菜はその後のフライパンで、豚肉の旨味を含んでおいしくなります。▶作り方は p.50 参照

直径 25cm のフッ素樹脂加工フライパン

【材料】(作りやすい分量)
豚ロース肉(かたまり)……500g
塩……5g(肉の重量の1%)
植物油(くせのないもの)……20ml

＊肉を縛るための調理用の紐(たこ糸)を用意する。

豚肉の下準備

豚肉は室温に戻してから塩を振り、紐で縛る。肉の縦2〜3カ所を縛り(a、b)、垂れている紐の先は焦げやすいので短く切る(c)。このように形を整えると、厚みのある肉でも火の入り方が均一になる。豚肉の場合は、背脂をはがさなくてよい。

01 冷たいフライパンに植物油を入れ、紐で縛って整えた豚肉を入れて弱火にかける。

02 フライパンが温まってきたら、転がしながら3分ほどかけて肉の面をまんべんなく焼く。

03 豚肉は水分が多いので、火が弱くてもすぐにジュージューと音を立てて油から気泡が出てくる。

04 うっすらと焼き色がついたら、火を止めていったん取り出し、網を重ねたバットにのせて3分ほど休ませる。

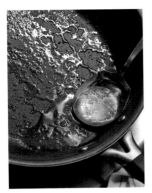

05 フライパンに溜まった油はそれほど色がついているわけではない。このまま再び弱火にかける。

06 豚肉を戻し入れ、トングなどで転がしながら、各面を均等に焼く。

07 肉がふっくらとし、紐がきつくなり窮屈そうな状態になったら火を止め、再びバットに取り出す。

08 少しおいて表面が乾いてきたら、軽くアルミホイルをかぶせ、トータルで5分ほど休ませる。

09 2回焼いて休ませることで中まで火が行き渡る。串がスッと入って血がにじんでこないか確認する。

10 フライパンを弱火にかけて豚肉を戻し入れ、しっかりと焼き色がつくまで転がしながら焼く。この3回目の焼きは肉の表面に旨味をつけていくイメージ。

11 油もだいぶ茶色くなっているが、フライパンは焦げついていないのが理想。豚肉がコロッと丸く膨らんできたら焼き上がり。

12 バットに取り出し、粗熱がとれてからスライスし、付け合わせとともに盛り付ける。

付け合わせ

花野菜のソテ

【材料】(作りやすい分量)

カリフラワー(小房に分ける)……4房
ブロッコリー(小房に分ける)……4房
芽キャベツ(半割りにする)……3個分
紅芯大根(厚めのいちょう切り)……70g
にんにく(皮付きのまま潰す)……1片
塩……適量

好みの植物油(E.V. オリーブオイル、くるみオイルなど、香りのよいもの)……適量

1 豚肉を焼いた後のフライパンににんにくを入れ(a)、野菜類をにんにくと重ならないように並べて弱めの中火にかける(b)。残り油というより、豚肉から出た脂でじっくりと焼くイメージ。

2 野菜の表面にうっすらと水分がにじんできたら塩を振り、ひっくり返す。同様に焼いてもう片面にも塩を振る(c)。仕上げに植物油をひと回しして絡める。

Poitrine de porc et chou chinois braisés
sauce charcutière

豚バラ肉のシャルキュティエール

"お肉屋さん風"と名づけられたこのソースに欠かせないのが、コルニッションとマスタード、玉ねぎ。ピクルスの甘酸っぱさに、仕上げのマスタードがキリッと引き締めるとともに、味に奥行きを与え、ソースに濃度もつけてくれます。フランスではじゃがいもを添えることが多いのですが、ちょっと重くなるので、葉野菜のブレゼを組み合わせて。冬なら白菜、春ならレタスなど、バランスよく食べやすくなりますよ。

直径25cmの
フッ素樹脂加工フライパン

【材料】(2〜3人分)

豚バラ肉(かたまり)……160g
塩(豚肉用)……1.28g(肉の重量の0.8%)
白菜……小1/4個
玉ねぎ……100g
トマト……1/2個
コルニッション……10g
マスタード(ディジョン)……15g
白ワイン……200ml

水……80ml
バター(角切り)……20g
植物油(くせのないもの)……大さじ2
塩、白胡椒……各適量
パセリ(みじん切り)……適量

＊コルニッションは小型のきゅうりのピクルス。瓶詰めが市販されている。

01 豚肉は両面に豚肉用の塩を振る。白菜は、芯をつけたまま縦半分に切る。玉ねぎは繊維に沿ってスライス、トマトは皮を湯むきして種を取り、角切りにする。コルニッションはせん切りにする。

02 フライパンに植物油を入れて中火にかける。この後、白菜も焼くので油は多め。豚肉を入れ、しっかりと焼き色がついたらひっくり返して、もう片面も色よく焼いて取り出す。

03 続けて空いたフライパンに白菜を並べて焼く。表面に軽く塩を振り、焼き色がついたらひっくり返し、軽く塩を振る。

04 両面に焼き色がついたら取り出し、火を止めてフライパンの温度を下げる。

05 フライパンに残った油はそのままで、バターを入れて弱火にかける。

06 玉ねぎを入れる。溶けたバターの旨味を吸わせるようにしてしんなりするまで炒める。

07 白ワインを注いで強火にし、ひと煮立ちさせてアルコールをとばす。

08 豚肉と白菜を戻し入れ、さらに煮立てて白ワインを半量まで煮詰める。

09 分量の水を加えてひと煮立ちさせてから、蓋をして中火で5分ほど煮る。

10 5分経ったら、再度、豚肉と白菜を取り出し、フライパンに残った煮汁でソースを作っていく。

11 煮汁を煮詰めながらトマトを加えてひと煮立ちさせる。

12 コルニッションを加えて混ぜ、塩、白胡椒で味を調えながら、煮詰めていく。

13 煮汁が1/3くらいまで減ったら火を止め、マスタードを混ぜ込んでソースの完成。

14 10の豚肉を半分に切り分け、白菜とともに器に盛る。13のソースをかけ、パセリを振る。

Petit salé aux lentilles

豚バラ肉のプティ・サレと
レンズ豆のブレゼ

塩漬けにした豚肉（プティ・サレ）とレンズ豆の煮込みは、気取らないビストロや家庭で親しまれる味。フランス修業時代に師事したポール・ボキューズさんも、この素朴な料理が大好物でした。豚肉にしみ込んだ塩が、煮込む間にレンズ豆や野菜にじわじわと行き渡り、その場で味つけをするのとは違う、優しくこなれた味わいになります。仕上げに少しだけシェリーヴィネガーを振って、味を引き締めるのもポイント。▶作り方は p.56 参照

豚バラ肉のプティ・サレとレンズ豆のブレゼ

直径 25cm の
フッ素樹脂加工フライパン

【材料】(4 人分)
豚バラ肉（かたまり）……300g

ソミュール（作りやすい分量）
| 水……500ml
| 塩……55g
| グラニュー糖……22g
| 玉ねぎ（スライス）……10g
| にんにく（スライス）……1/2 片分
| クローブ……1 粒
| タイム……1 枝
| ローリエ……1 枚

レンズ豆……100g
| 玉ねぎ（みじん切り）……1/4 個分（50g）
A| にんじん（みじん切り）……1/4 本分（30g）
| セロリ（みじん切り）……1/4 本分（20g）
水……400ml
トマト（湯むきして種を取り、角切り）……中 1/2 個分
シェリーヴィネガー……少々
パセリ（粗みじん切り）……大さじ 1
植物油（くせのないもの）……大さじ 1
塩……適量
マスタード（ディジョン）……適量

＊ソミュールとは、塩漬け用の塩水で、砂糖やスパイスなどの風味を加えることが多い。

プティ・サレを仕込む

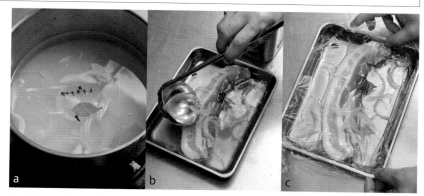

a　　　　　　　b　　　　　　　c

1　ソミュールの材料はすべて鍋に入れて沸かし、冷ましておく（a）。
2　深型のバットなどに豚バラ肉とソミュール適量を入れて、ラップを豚肉とソミュール液にぴったりと貼りつける（b、c）。冷蔵庫で半日漬け込む。保存バッグやポリ袋などで漬け込んでもよい。
3　漬け込み終わったら、使う前に豚バラ肉に串を数秒刺して、ひと舐めして塩加減を確認。おいしいと思う加減よりも少ししょっぱいと感じるくらいがよい。しょっぱすぎる場合は軽く水にさらして塩を抜く。

レンズ豆の下準備

レンズ豆は、たっぷりの水に2時間ほど浸し、ざるにあけておく。

01 プティ・サレにした豚バラ肉は、ペーパータオルで水けを拭き取る。フライパンに植物油を入れて中火にかけ、豚バラ肉の両面に焼き色がつくまで焼き、バットに取り出す。

02 洗ってきれいにしたフライパンに豚バラ肉を戻し入れ、Aとレンズ豆を入れて分量の水を注ぐ。全体を混ぜて蓋をし、弱火にかける。

03 沸いてから30分くらいを目安に、豚肉とレンズ豆に火が通るまで煮る。途中、味をみて塩気が足りなかったら塩で調え、水分が足りなくなったら水を適宜足す。

04 豚肉とレンズ豆が柔らかくなったら、トマトの角切りを入れてさらに煮る。

05 水分が程よくとび、豆がとろりとなったらシェリーヴィネガーを振りかける。
＊酢は味の引き締め役。シェリーヴィネガーはまろやかな酸味で、ドレッシング以外に肉や魚のソースにも使えるので常備したい。

06 仕上げにパセリを加える。プティ・サレは切り分けてレンズ豆とともに器に盛り、マスタードを添える。
＊マスタードは粒よりもディジョンタイプが合います。

Blanquette de porc

豚肩ロースの
ブランケット仕立て

仔牛肉を使うことが多いブランケットを、豚肩ロース肉で作りました。手に入れば、柔らかい内もも肉を
使ってもおいしいですよ。白く優しく仕上げる料理なので、肉は水にさらして雑味を取り除いておくこと
がポイント。これは仔牛肉のときもやっています。白ワインの酸味なども入らないので、仕上げに垂ら
す数滴のレモン果汁で清涼感を添え、黒胡椒で引き締めて。バターライスと食べるのもおすすめです。

直径 25cm のフッ素樹脂加工フライパン

【材料】(4人分)

豚肩ロース肉（かたまり）……500g
塩（豚肉用）……4g
（肉の重量の0.8%）

A
｜玉ねぎ（みじん切り）……50g
｜にんにく（みじん切り）……2片分
｜セロリ（みじん切り）……20g
｜にんじん（みじん切り）……20g

水……800ml
生クリーム（乳脂肪分38%）……200ml

レモン果汁……少々
バター（角切り）……20g
オリーブオイル……小さじ1
植物油（くせのないもの）……小さじ2
塩……適量
グリュイエールチーズ（すりおろす）
　……適量
パセリ（みじん切り）……適量
黒胡椒……適量

豚肉の下準備

豚肉は4〜5cm角に切る(a)。ボウルに入れて水を張り、水が澄むまで4〜5回水を替えてさらしてから（b、c）、ペーパータオルで水けを拭き取り、豚肉用の塩を全体に振る。
＊この作業は血抜きをして豚肉独特のくさみを取るためです。仕上がりが断然違います。

01 フライパンに植物油を入れて弱めの中火にかけ、豚肉を入れる。全体が白くなり、肉がふんわりとしたら取り出す。
＊豚肉のくさみと水っぽさを、熱を加えてとばします。

02 きれいにしたフライパンにオリーブオイルとバターを入れて、弱火にかける。

03 バターが溶けたらAの香味野菜のみじん切りを入れる。

04 ざっと合わせたら塩ひとつまみを振り、焦がさないように炒める。

05 野菜がしんなりとしたら1の豚肉を戻し入れる。

06 分量の水を注ぎ、強火にして、煮汁が沸いたら弱火にする。

07 アクを取り除く。このときバターの脂分は取らないように注意する。
＊豚肉は水にさらしているのであまりアクは出ませんが、野菜のアクが少し出ます。

08 蓋をして30分ほど煮込む。

09 30分後、豚肉に串を刺してスッと通ったら、豚肉だけを取り出す。

10 豚肉が熱いうちに塩少々を振って、ラップをかけておく。
＊豚肉の下味が煮汁に出ているので、その塩分を補うイメージです。

11 フライパンの煮汁をしっかりと煮詰め、少ししょっぱく感じるくらいになったら、生クリームを入れてのばす。

12 豚肉を戻し入れ、スープになじむようにゆっくり混ぜながら軽く煮立てる。

13 火を止めてレモン果汁を数滴垂らす。器に豚肉とスープを盛り、グリュイエールチーズとパセリ、黒胡椒を振る。
＊レモン果汁は火を止めてから入れること。そうしないとクリームが分離してしまいます。

| Chapitre 3 | Bœuf |

牛肉

牛肉といえば、フレンチに限らずご馳走の
代名詞。ボリュームあるフライドポテトが付け合わせの
ステーク・フリットや、ポトフなど定番料理もありますが、
ここでは、フライパンひとつでできることを前提に
レシピを厳選しました。
ステーキもアロゼで仕上げるサーロインや
薄いお肉でシャシャッと仕上げるミニッツステーキ、
どちらもおいしいものです。
そしてハレの日のローストビーフも、オーブンなしで
フライパンで焼き上げていく方法を伝授しましょう。
軽い煮込みや、思い出深いビーフストロガノフなど
ステーキ以外のお料理もリストアップしました。
いずれも不思議とご飯に合うフレンチかもしれませんね。

サーロインステーキ

ステーキの仕上げはバターのアロゼで。ジュクジュクと泡立つバターをスプーンで
すくいながら繰り返し肉に回しかけていく。▶作り方は p.64 参照

Bifteck d'aloyau

サーロインステーキ

多分一番よく質問されるのがステーキの焼き方。家庭で焼くサーロインステーキのおいしさを、もうワンランク、アップさせましょう。蓄熱性の高い鉄のフライパンを使い、まずは両面をサッと焼いて、ほんの少し休ませます。その間、肉全体に優しく熱が伝わり、均一な温度に。後はバターでアロゼしながら仕上げ焼き。フライパンの温度が下がらないように、スプーンでバターをすくうときだけフライパンを手前に傾け、肉にバターをかけるときは鍋底全体が火にかかるようにします。胡椒を効かせたい場合は、仕上げに振って。付け合わせは、じゃがいものリヨネーズ。玉ねぎとベーコンを使う定番のレシピです。

直径 26cm の鉄製フライパン

【材料】(1 人分)
牛サーロイン（サシの少ないもの・厚さ 2cm）……180g
塩……2g 強（肉の重量の 1.2%）
にんにく（皮付きのまま潰す）……1 片
バター……5g
植物油（くせのないもの）……20ml

01 牛肉は冷蔵庫から出したてを使い、焼く直前に全体に塩を振る。
＊厚さ2cm以内の薄い肉なら、冷たい状態から焼いてちょうどよい。サシが少ないとはいえサーロインなので、塩は強めに。好みで胡椒を振るなら仕上げに。

02 フライパンを中火にかけ、しっかりと熱して植物油15mlを引き、牛肉を入れる。
＊盛り付けのときに上になる面を下にして入れます。

03 牛肉は動かさず、肉の縁が少し白くなったら、ひっくり返す。
＊ここではまだ焼き色はついていなくてOK。

04 もう片面も同様に焼く。ここでも牛肉は動かさない。

05 牛肉の縁が白くなったら、いったんバットに取り出し、少し休ませる。

＊休ませることで、外側から内側まで、全体の温度を均一にします。

06 フライパンの火を止めて油を捨て、底面汚れをペーパータオルで拭き取る。

07 植物油5mlと、にんにくを入れて再び中火にかける。

＊にんにくは香りづけなので、仕上げ焼きのタイミングで入れます。

08 フライパンが温まったら、休ませておいた牛肉を入れる。

＊フライパンに余熱が残っていれば、すぐに肉を入れても大丈夫。盛り付けのときに上になる面を下にします。

09 肉の下にも油が入るように、ときどき持ち上げながら焼き、焼き色が強めについたらひっくり返す。

10 バターを入れ、火を弱めてアロゼ（バターをスプーンで肉に回しかける調理法）する。

＊バターが溶けて、焦げずにジュクジュクと泡立つ火加減を保ちながら、ノワゼット（はしばみ色）に色づいたムース状のバターを、繰り返し回しかけます。

11 裏面に焼き色がつき、脂身も色づいて縮んできたら火が通った合図。バットに取り出して休ませ、付け合わせとともに皿に盛る。

付け合わせ

じゃがいものリヨネーズ

【材料】（作りやすい分量）

じゃがいも（メークイン）……1個（150g）
玉ねぎ（スライス）……1/4個分
ベーコン（厚めのスライス）……1枚
にんにく（皮をむいて潰す）……1片
フォン・ド・ヴォー（なくても可）……大さじ1
シェリーヴィネガー……2〜3滴
塩、植物油（くせのないもの）……各適量
パセリ（みじん切り）……適量

1 玉ねぎは植物油適量と塩少々で、しんなりとするまで炒めておく。ベーコンは棒状に切り、2回ゆでこぼして余分な脂を抜いておく。じゃがいもは厚めの輪切りにする。

2 フライパンに植物油を多めに入れて中火にかけ、にんにくを入れる。香りが立ったらじゃがいもを入れて塩少々を振り、両面を焼いて火を通し、余分な油を捨てる。

3 ベーコンを入れて炒め合わせ、全体がなじんだら玉ねぎを入れて合わせる。フォン・ド・ヴォーとシェリーヴィネガー、塩で味を調え、パセリを振る。

| Rosbeef

ローストビーフ

蓄熱性の高い鉄のフライパンで、休ませながらゆっくりと焼くことで、オーブンを使わずともおいしいローストビーフを作ることができますよ。とはいえ、牛肉はこれ以上大きくなると焼きムラができやすいので、フライパンの高さより少しはみ出るくらいの大きさまでにしてください。余分な筋を取り、紐で縛るなどの下準備も大切なポイント。厚みのある肉は焼いては休ませ、を繰り返しながら、ここでは3回に分けて火を入れていきます。そして肉を焼いた後の旨味が底に残ったフライパンで、香味野菜を炒めて作るソースも、ぜひ覚えてほしいレシピです。▶作り方は p.68 参照

直径26cmの鉄製フライパン

【材料】（作りやすい分量）
牛ロース肉（かたまり、サシの少ないもの）
　……600g
塩（牛肉用）……7.2g（肉の重量の1.2%）
バター……10g
植物油（くせのないもの）……40ml
ソース
　　にんにく（皮付きのまま潰す）……2片
A　玉ねぎ（1cm角に切る）……40g
　　にんじん（1cm角に切る）……40g
　　セロリ（1cm角に切る）……30g

白ワイン……60ml
水……100ml
バルサミコ酢……小さじ2
マスタード（ディジョン）……10g
バター……10g
パセリ（みじん切り）……適量
塩、白胡椒（ソース用）……各適量

＊肉を縛るための調理用の紐（たこ糸）を
用意しておく。

牛肉の下準備1

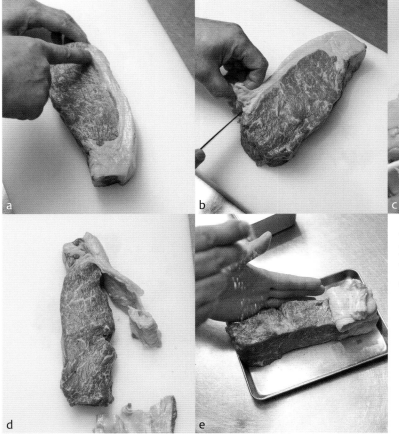

牛肉は冷蔵庫から出したての冷たい状態でよい。脂と肉の境目に筋があるので、まず端から脂をめくるように少しずつはがし（肉から切り離さない）、出てきた筋だけを包丁で薄く引いて切り取る（a〜d）。全体に（脂をめくったところにもまんべんなく）牛肉用の塩を振る（e）。

牛肉の下準備 2

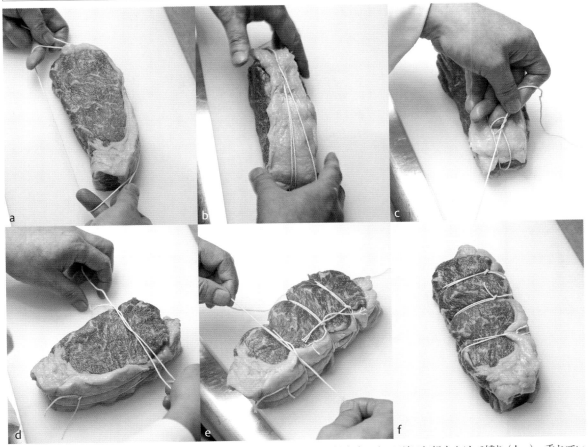

紐をのばして輪を作り、肉の周囲を囲むようにして二重に縛る（a〜c）。横方向にも3カ所ほど紐をかけて縛り（d、e）、垂れている紐の先は焦げやすいので短く切る（f）。形を整えると、火の入り方が均一になる。この状態で室温に戻す。

牛肉を焼く

01 冷たいフライパンに植物油30mlを入れ、牛肉を入れて弱めの中火にかける。

02 フライパンの温度が上がってくると、肉の周囲から細かい気泡が上がってくるので、ゆっくりと転がしながらすべての面に少しずつ火を入れていく。

03 3分ほどかけてじっくりと焼き、表面が少し乾いた感じになったら火を止める。

04 牛肉を網を重ねたバットに取り出し、温かいところで約3分休ませる。
＊お店ではコンロ上の棚に置きますが、家庭のキッチンではガス台の近くなどに。

05 フライパンを再び弱めの中火にかけて牛肉を戻し入れ、はじめと同様に転がしながら焼く。徐々に色がつき始めるので最初よりも早いタイミングで転がす。
＊ここでは焼き色をつけるのではなく、肉に火を入れていくイメージで。

06 肉がふっくらとして窮屈そうになってきたら、肉汁が出たがっている合図。再びバットに取り出して休ませる。

07 牛肉を3分ほど休ませて粗熱がとれたら、上からアルミホイルを軽くかぶせる。表面が乾きすぎるとザラザラした食感になるため、この状態でもう3分ほど休ませる。火入れがうまくいっていれば、バットに肉汁は落ちてこない。

08 フライパンに残った油は捨ててペーパータオルで拭く。

09 残りの植物油10mlを入れて弱めの中火にかけ、7の牛肉を戻し入れる。

10 肉は転がしながら焼き、全面にもう一段深く焼き色をつける。

11 全体がコロッと丸く膨らんできたら、火を止めていったん取り出す。

12 牛肉を縛っていた紐を切って外し、下処理ではがした脂を切り取る。

13 肉に残しておく脂は指2本分ほどが目安。

14 フライパンにバター10gを入れて弱めの中火にかける。

15 13の牛肉を、脂を切り取った面を下にして戻し入れる。フライパンがしっかりと温まり、バターがムース状になってきたら、転がしながら全体を焼く。

16 バターは焦がさずノワゼット（はしばみ色）よりも少し淡い状態をキープし、焦げそうになったら植物油（分量外）を少々足す。脂身がいい色になり縮んできたら、火が通った合図なのでバットに取り出す。すぐに切らず、ゆっくりと休ませるときれいなロゼに仕上がる。

ソースを作る

17 空いたフライパンに、A（にんにく、玉ねぎ、にんじん、セロリ）を入れ、よく炒める。

18 はじめは野菜が油をすべて吸うが、しっかりと炒めて火が通ると、余分な油が出てきてフライパンに溜まってくるので、ペーパータオルで吸い取り、白ワインを入れる。

19 鍋底についた旨味をこそげながら沸かし、ツンとした香りがとんだら分量の水を入れる。

20 半量まで煮詰まり、野菜の旨味が水分に溶け出したら、バルサミコ酢を入れ、さらに煮詰め、マスタードを入れる。

21 仕上げに塩と白胡椒で味を調え、残りのバター10g（冷たいもの）を入れて手早く溶かし込み、火を止める。

22 ざるに移してしっかりとソースを漉し、パセリを振る。

盛り付け

器に薄くスライスしたローストビーフとクレソン（分量外）を盛り付け、ソースを添える。

Steak à la minute

ミニッツステーキ

意外かもしれませんが、ステーキは厚い肉より、薄い肉を焼くほうが難易度が高いのです。このレシピは上質の牛肉の薄切りを「ア・ラ・ミニュット」、文字通り一瞬で焼き上げます。すぐに火入れが完了するひと皿なので、調理の段取りをしっかり準備することが大切です。ソースは赤ワインソース、牛肉の上にはみじん切りのエシャロットにハーブとスパイスをのせました。さまざまな香りや食感が口の中で弾けて、フランス料理ならではの魅力があります。この材料は一例なので、お好きなスパイスやハーブでアレンジしてもいいですね。

直径 26cm の鉄製フライパン

【材料】（2人分）

牛リブロース肉（芯の部分）……2枚（1枚約 60g）
エシャロット（みじん切り）……20g
にんにく（みじん切り）……1片分
パセリ（みじん切り）……5g
タイム（粗みじん切り）……4g
生の黒粒胡椒（半割りにする）……10g
塩……適量
オリーブオイル……適量

＊にんにくはオリーブオイル適量に
浸しておく。使用するのはここから
少量。
＊生の黒粒胡椒は塩漬けのものが
市販されている。なければドライの
黒粒胡椒で代用可。

01 牛肉はリブロースのカブリを取り除いた芯の部分を、厚さ1.5cmほどに切り出す。

02 ラップの上に牛肉をのせて上からもラップをかけ、肉叩きで少しずつ叩きながら薄くのばす。

03 ある程度のばしたら、ラップをはがしてオーブンシートの上にのせる。

04 あらかじめ盛り付ける器を決め、その大きさに合わせてさらに叩いて丸く成形する。もう1枚も叩いてのばし、以下、同様に調理する。

05 肉の表面に塩を振り、オリーブオイルに浸しておいたにんにくのみじん切りをごく少量、オイルと一緒に全体にのばす。これが糊代わりになる。

06 5の肉にエシャロットのみじん切りを全体に広げ、パセリ、タイム、生の黒粒胡椒を散らす。

07 肉の表面をヘラなどで押してならし、トッピングを密着させる。

08 フライパンを強火で熱し、オリーブオイルを少なめに引く。煙が上がったら、7の肉をシートごとフライパンに貼りつける。

09 すぐにシートをはがす。肉が薄く一瞬で焼き上がるので、オイルが多いと焼けた香ばしさが出ない。

10 周囲に油を回したらすぐに裏返し、一拍おいて引き上げる。皿にミニッツステーキをのせ、周りに赤ワインソースを流す。

赤ワインソース

【材料】(作りやすい分量)
エシャロット（スライス）……20g
マッシュルーム（スライス）……20g
にんにく（スライス）……2枚
赤ワインヴィネガー……25ml
赤ワイン……250ml
フォン・ド・ヴォー……200ml
バター（角切り）……15g
塩……適量
＊フォン・ド・ヴォーは市販の缶詰などでよい。

1　鍋にバターを入れて中火にかけ、溶けたらにんにくを入れて香りを出し、エシャロット、マッシュルームの順に加えて塩を振り、色がつかないように炒める。

2　赤ワインヴィネガーと赤ワインを加えて強火にかけ、鍋を回しながら煮詰める。水分がほぼなくなり、鍋底が見え、艶が出てくる状態（ミロワール）にする。

3　フォン・ド・ヴォーを加えて沸かし、塩で味を調えてシノワ（または、ざる）で漉す。

Sauté de rumsteck aux champignons
à la forestière

牛もも肉のソテ
フォレスティエール

ソテの名のとおり、煮込み料理ではないのですが、このレシピには煮込みの
工程と共通する部分があるのです。肉を焼き、白ワインや水などの水分を通じ
てその旨味をきのこに吸わせてなじませるというイメージを思い描いてくださ
い。牛もも肉は加熱しすぎると硬くなりやすいので、こまめに取り出しながら
少しずつ火を入れていきます。かたまり肉ならではのジューシーさとソースを、
フライパンひとつで完成させます。フォレスティエールは森の、という言葉。き
のこたっぷりのクリームソースでどうぞ。▶作り方は p.76 参照

牛もも肉のソテ フォレスティエール

直径 25cm のフッ素樹脂加工フライパン

【材料】(2人分)
牛もも肉(和牛、かたまり)……200g
塩(牛肉用)……2.4g(肉の重量の1.2%)
玉ねぎ(スライス)……50g
にんにく(スライス)……2片分
きのこ(マッシュルーム、椎茸、しめじ、舞茸)
　　　　　……合わせて230〜250g

白ワイン……60ml
水……50ml
生クリーム(乳脂肪分43%)……40ml
バター……10g
オリーブオイル……40ml
塩……適量
白胡椒……適量
パセリ(みじん切り)……適量

01 牛肉は室温に戻し、牛肉用の塩を振る。マッシュルームと椎茸は石づきを取って厚めにスライスする。しめじと舞茸はほぐす。

02 フライパンにオリーブオイル20mlを入れて強めの中火にかけ、肉を入れて転がしながら2分ほど焼く。

03 ふっくらとしたら取り出し、網を重ねたバットに置いて5分休ませる。

04 フライパンに残った油を拭き取り、2と同様、再びオリーブオイル20mlを入れて牛肉を転がしながら焼く。さらにふっくらと丸みを帯びてきたら、再びバットに取り出して休ませる。

05 フライパンに残った油に玉ねぎとにんにくを入れ、塩ひとつまみを振って弱火でじっくり炒める。

06 玉ねぎがしんなりとしたら1のきのこを入れる。

07 塩ひとつまみを振って、火を強め、あおるようにして炒め、きのこの水分をとばす。
＊素材が入るたびに少量ずつ塩をする。これがおいしさを重ねていきます。

08 休ませておいた牛肉を戻し入れ、白ワインを入れる。アルコールをとばし、半量に煮詰める。

09 分量の水を入れ、蓋をして2分ほど加熱。牛肉の旨味をきのこに移す。

10 2分経ったら牛肉を取り出し、生クリームを注ぐ。

11 バターを入れて溶かし、塩、白胡椒を入れる。

12 フライパンの中を手早く混ぜて乳化させる。仕上げにパセリを加える。器にきのこのソースを敷き、スライスした牛肉をのせる。

Bœuf Stroganoff

ビーフストロガノフ

料理の世界に入ったばかりの頃、働いていたホテルで覚えた料理です。牛肉は切り落としを使いますが、くるくる巻いて棒状にすることで火の通りも均一に。パプリカパウダー入りの小麦粉は、肉を丸める前にまぶしてしまうと肉の中に粉っぽさが残るので気をつけて。こっくりとしたまろやかさに、コルニッションとサワークリームの酸味が穏やかに効いています。バターライスを合わせるとぐっとご馳走感があがるのでぜひ作ってみてください。

直径 25cm のフッ素樹脂加工フライパン

【材料】（2人分）
牛切り落とし肉（ヒレを中心に）……200g
塩（牛肉用）……1.6g
　（肉の重量の 0.8%）
マッシュルーム（厚めのスライス）……60g
コルニッション（せん切り）……20g
玉ねぎ（スライス）……100g
パプリカパウダー……5g
薄力粉……20g
白ワイン……20ml
フォン・ド・ヴォー……60ml

サワークリーム……50g
オリーブオイル……30ml
塩……適量
パセリ（みじん切り）……適量

＊コルニッションは小型のきゅうりのピクルス。瓶詰めが市販されている。
＊フォン・ド・ヴォーは市販の缶詰などで可。残りは小分けして冷凍しておくと便利。

01 フライパンにオリーブオイル 10mlと玉ねぎを入れて弱火にかける。

02 玉ねぎは飴色になるまで十分に炒めたら、いったん取り出し、残った油はペーパータオルで拭き取る。

03 バットにパプリカパウダーと薄力粉を入れてよく混ぜておく。

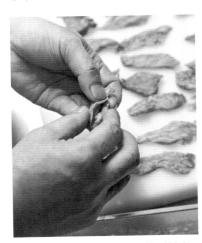

04 牛肉を広げて並べ、片面だけに牛肉用の塩を振ったら、肉をくるくるとねじるように巻いて棒状にする。小さな切れ端の肉は大きな肉で包んで巻くとよい。

05 巻いた肉を3のバットに入れて粉をつけたら、両方の手のひらでねじり合わせるようにして粉を密着させる。

06 牛肉は均一な形状にしておくと、火の通りにムラがなくなる。

07 2で空いたフライパンにオリーブオイル20mlを入れて弱めの中火にかけ、6の牛肉を並べる。

08 牛肉を転がしながら全体を焼いたら、肉を端に寄せて空いたところへマッシュルームを入れ、塩ひとつまみを振る。

09 ざっと混ぜたら、マッシュルームがベチャッとならないよう、火を強めて全体を炒め合わせる。こんがりと色づいたら2の玉ねぎを加えて、ほぐしながら全体に混ぜる。

10 玉ねぎが混ざり、マッシュルームにも火が通ったら白ワインを入れて沸かし、アルコールをとばす。

11 フォン・ド・ヴォーを入れる。液体が入ると粉のとろみがついてソースが固くなってくる。

12 コルニッションとサワークリームを加える。全体を混ぜてソースをゆるめる。

13 ひと煮立ちさせたら火を止め、パセリを振る。器にバターライスと一緒に盛る。

バターライス

【材料】(作りやすい分量)
玉ねぎ(みじん切り)……120g
バター(角切り)……40g
米(洗わない)……2合(360g)
水……360ml

1 フライパンにバターを入れて弱火にかけ、玉ねぎを入れてしんなりとするまで炒める。

2 米を入れて炒め、全体が熱くなったら分量の水を注ぎ、沸いたら蓋をして弱火にし、12分炊く。炊き上がったらそのまま、5分蒸らす。

Chapitre 4 | Agneau, Canard |
仔羊・鴨

普段家庭ではあまり使わない食材ということもあり
難易度が高そうだなと思われがちですが、
コツさえつかめば実は豚肉や牛肉よりも、扱いは楽だと思います。
ラムチョップも品質のよいものが入手しやすくなりました。
仔羊をグリルやソテーするときは
外だけ焼けて中がブヨブヨにならないように、
少しオーバー気味に火入れをするのがコツ。
フランスでは仔羊は最上の肉料理ですし
クスクスといったマグレブ由来の料理もあります。
また鴨のむね肉も市販されているマグレ鴨であれば、下処理済み。
鴨も鶏肉同様、冷たいフライパンで焼き始めてください。
おいしいローストができますよ。オリーブの実と合わせた鴨料理は
フランス時代、ビストロで仲間と食べた
お気に入りの味を再現しました。
（マグレブとはアフリカ北西部の地域）

Sauté de côtelettes d'agneau

ラムチョップステーキ

骨付きの肉は焼くのが少し難しいのですが、小さなラムチョップであれば、あまり神経質にならず、大らかに焼くことができます。仔羊肉は火入れが浅いとクニャッとした食感が残り、食べづらいことがあるので、ロゼよりも少し強めに火入れをすること。がぜん、歯切れがよくなります。脂身を上から軽く押さえながら、しっかりと焼くのもポイント。

直径 26cm の鉄製フライパン

【材料】(2 人分)

ラムチョップ……4 本（1 本 80g）
塩……3.2g（肉の重量の1％）
にんにく（皮付きのまま潰す）……1 片
タイム……2 枝
バター……10g
オリーブオイル……大さじ1

01 ラムチョップは冷蔵庫から出したての冷たい状態でよい。脂身に6割、赤身に4割程度と振り分けるイメージで塩を振る。

02 フライパンを弱火で温め、オリーブオイルと香りづけのにんにく、タイムを入れる。香りが立ってきたら、ラムチョップの脂身を下にし、4本を立てて並べる。倒れないよう、トングで骨を押さえながら支え、脂身をしばらく焼く。

03 脂身と接する赤身の部分がうっすらと白くなってきたら、広い面を寝かせて焼く。

04 火の入りにくい脂身と骨を、トングで軽く押さえる。薄く焼き色がついたら、ひっくり返して同様に焼き、赤身がふっくらとしてきたのを目安に火を止める。

05 いったん肉だけを取り出し、焼いた時間と同じくらい休ませる。
＊休ませるとき網を重ねたバットにのせ、下からも熱を逃がすようにします。

06 フライパンに残った油とにんにく、タイムはそのままにし、バターを入れて強めの中火にかける。

07 バターが溶けたら肉を戻し入れ、脂身を押さえながら焼く。

08 肉に少し色がついたらひっくり返し、また色がついたら裏返す作業を何度か繰り返すとバターの色が濃くなってくる。肉と同じ色合いになったら焼き上がりの合図。取り出してペーパータオルの上にのせ、余分な油をきってから、付け合わせとともに皿に盛る。

付け合わせ

トマトのソテ

フライパンにオリーブオイルとタイム各適量を入れて中火にかけ、香りが立ったら、横に半割りにしたトマト適量を断面を下にして入れ、軽く塩をして両面を焼く。

Côtelettes d'agneau grillées au basilic

ラムチョップのグリル
バジル風味

グリル板で焼く場合

1 ラムチョップは肉の身の厚い部分に塩（肉の重量の1％）と黒胡椒少々を振って、熱したグリル板にのせ、油を引かずに焼く。

2 徐々に仔羊の脂が溶け出してくるので、焼き色がついたら裏返し、脂身の部分を軽く押さえるようにする（a）。グリル板の溝は浅いのであまりぎゅうぎゅう押すと、出てきた脂に肉が接してしまうためやりすぎないこと。

3 途中、溝に脂が溜まったら捨てる（b）。そのまま肉を90度ずらして、網目の焼き色をつける。肉の表面が膨らんできたら火が通った合図。角度を変えずに裏返す（c）。肉の表面が盛り上がって香りが出てきたら取り出し、休ませずにすぐに皿に盛る。仔羊はしっかりめに火を入れるのがおいしさのポイント。

付け合わせ・ソース

さやいんげんと細いごぼうのソテ
（焼いて、オリーブオイルを回しかける。）

ソース・ピストゥ

100mlの白ワインを鍋に入れ1/3程度まで煮詰め、フォン・ド・ヴォー300mlを加えて沸かし、塩で調味し、水溶き片栗粉を加えてとろみをつける。仕上げにみじん切りにしたバジルの葉4枚分を加える。

Côtelettes d'agneau panées
au poivre vert

仔羊のパン粉焼き
グリーンペッパー風味

ラムチョップに爽やかなグリーンペッパーを混ぜたパン粉をつけ、香ばしく焼き上げます。基本のラム
チョップステーキ（p.82）と同じく下焼きして脂を焼いてから、マスタードを糊代わりにしてパン粉を貼
りつけますが、火の入れ方は変わりません。パン粉が焦げついてはがれたりしないよう、フッ素樹脂加
工のフライパンを使い、多めの油で焼くと失敗が少ないでしょう。▶作り方は p.86 参照

仔羊のパン粉焼き
グリーンペッパー風味

直径25cmの
フッ素樹脂加工フライパン

【材料】(2人分)

ラムチョップ……4本（1本80g）
塩……3.2g（肉の重量の1％）
グリーンペッパー（生）……8g
生パン粉……20g
マスタード（ディジョン）……大さじ1
オリーブオイル……大さじ2½

＊グリーンペッパー（生）は塩水漬けや塩漬けの市販品。

01 グリーンペッパー（生）は水に浸し、塩抜きしてから使用。水けを取り、包丁の腹で潰してから生パン粉の大きさに合わせて粗めに刻む。

02 ラムチョップはp.83のステーキの手順1と同様に塩を振り、手順2〜4のようにオリーブオイル大さじ1で両面が白くなるまでフライパンで焼いて(にんにくとタイムはここでは入れない)、網を重ねたバットに取り出しておく。

03 大きめのバットに生パン粉を広げ、1で刻んだグリーンペッパーを加えて混ぜる。

04 マスタードはそのままだと強いので容器に入れて少量の水（分量外）で溶きのばす。

05 2のラムチョップの片面に4のマスタードを薄く塗る。

06 肉はマスタードを塗った面を下にしてパン粉のバットに並べ、押しつけてパン粉をつける。

07 もう片面も同様にしてマスタードを塗り、パン粉をつける。側面の脂にはつけなくてよい。

08 2のフライパンをきれいにして、オリーブオイル大さじ1½を入れ、強めの弱火にかける。温まったら肉を並べ入れ、パン粉の下にも油が入るよう、フライパンを動かしながら、しばらく焼く。
＊パン粉がはがれてしまうので肉には極力触らないこと。

09 フライパンと接している面の縁のパン粉が茶色く色づいてきたら、トングで骨を持ち上げてひっくり返し、同様に焼く。パン粉がはがれるので肉には触らず、上から押さえることもせず、パン粉の色を見ながら焼く。

10 下面の縁のパン粉が同様に茶色く色づいたら、トングで骨を持ち、側面の脂身を下にして立てて焼く。周囲の油の気泡が細かくなったら取り出し、ペーパータオルの上にのせて余分な油をきる。付け合わせとともに皿に盛り、マスタード（分量外）を添える。

付け合わせ

カリフラワーのソテ

フライパンに油を引かず、厚切りのカリフラワー適量を入れて弱火でゆっくりと焼く。表面に水分がにじんできたら塩適量を振り、オリーブオイル適量を回しかける。ひっくり返して同様に焼く。

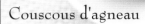
Couscous d'agneau

仔羊のクスクス

フランスにはモロッコなどのマグレブ料理の店もたくさんあり、クスクスはとてもなじみ深い料理。仔羊肉はスパイスの旨味が溶け込んだ水分の中でゆったりと火入れし、野菜を一つひとつ順に加えながら味を深めていきます。アクを取るときに一緒にすくってしまうことがないよう、オレガノやにんにくオイルは仕上げに加えます。スムールにたっぷりとかけてどうぞ。

直径 25cm の
フッ素樹脂加工フライパン

【材料】(4 人分)

仔羊肩肉（かたまり）……400g
メルゲーズ……4 本
玉ねぎ……1/2 個
パプリカ（赤）……1/2 個
ズッキーニ……1/2 本
トマト……1/2 個
かぶ……大 1/2 個
ひよこ豆（水煮）……30g
水……1ℓ
トマトペースト……35g
コリアンダーパウダー……1g
クミンパウダー……1g
ローリエ……1 枚
オリーブオイル……75ml
にんにく（みじん切り）……1 片分
オレガノ（ドライ）……ひとつまみ
塩……適量
ハリッサ（好みで）……適量

スムール……200g
熱湯……200ml

＊メルゲーズは香辛料を効かせた羊肉の生ソーセー
ジ。手に入らない場合はチョリソなどで代用する。
＊ハリッサは唐辛子に香辛料を合わせたペースト。
チューブのものが市販されている。
＊スムールはセモリナ粉を小粒に加工したパスタの
一種。これ自体をクスクスと呼ぶこともある。

01 玉ねぎははがれないよう芯をつけたまま、パプリカ、トマト、かぶとともにそれぞれ4等分のくし形に切る。ズッキーニは厚めの輪切りを8枚作る。

仔羊肉の下準備

02 仔羊肉を4〜5cm角に切る。フライパンに仔羊肉とかぶるくらいの水（分量外）を入れて、蓋をして強火にかける。

03 沸騰したら仔羊肉をざるにあけ、ざっと水で洗って肉の表面の汚れを丁寧に取る。網を重ねたバットに並べ、水けをきる。

04 きれいにしたフライパンに分量の水を入れ、トマトペーストを加えて溶く。

05 粉末のスパイス（コリアンダーパウダーとクミンパウダー）を加える。

06 下準備した3の仔羊肉を入れる。

07 ローリエと塩ひとつまみ強を加え、強火にかける。

08 蓋をして、沸いたら弱火にして20〜30分ほど煮る。

09 途中、アクが浮いたらこまめに取り除く。

10 仕上げに使うにんにくオイルを用意する。別のフライパンにオリーブオイルとにんにくのみじん切りを入れて弱火にかける。あまり焦がさないようにして、香りが立ったら火を止め、これ以上火が入らないよう別の容器に移す。

11 仔羊肉を煮て20〜30分後、肉に串を刺し、少し抵抗感を感じながらスッと入るような火の通りにする。

12 玉ねぎを入れ、ひと煮立ちしたらパプリカ、次にズッキーニを入れる。ズッキーニに火が入ってきたらメルゲーズ（生ソーセージ）とトマトを入れる。

13 野菜に火が通ってきたら、かぶとひよこ豆を加え、塩適量で味を調えてしばらく煮る。途中アクが浮いたら、こまめに取り除く。

14 全体が柔らかくなり、なじんできたところでオレガノを振り、10のにんにくオイルを回しかけて混ぜる。

クスクスとスムールをそれぞれ器に盛り、ハリッサを添える。供し方は好みだが、スムールにクスクスをたっぷりかけながら食べる。ハリッサは唐辛子ペーストの薬味で辛みを足したい場合に。

スムールの戻し方

a　b　c　d

1　クスクスを作り始める前に、ボウルにスムールを入れて分量の熱湯を回しかけ（a）、ラップをかけてそのまま置いておく（b）。

2　スムールが戻ったら（クスクスが出来上がるタイミングでよい）、かたまりを手でもむようにほぐす（c、d）。

Gigot d'agneau braisé
à la marmelade

仔羊もも肉と
オレンジマーマレードのブレゼ

フランス料理の定番である、鴨のオレンジ煮をイメージしながら、仔羊肉にオレンジマーマレード
の甘みとビターな風味を合わせたレシピです。ラムチョップはしっかりめに焼くほうが歯切れよく食べ
られますが、仔羊もも肉であれば、ロゼの火入れでしっとりと柔らかい食感が楽しめます。煮汁は
煮詰めすぎるとジャムの甘さがくどくなるので、さらりとした状態にコーンスターチでとろみをつけて
仕上げます。

直径25cmの
フッ素樹脂加工フライパン

【材料】(4人分)

仔羊もも肉（かたまり）……400g
塩（仔羊用）……4g（肉の重量の1%）
玉ねぎ（みじん切り）……50g
にんにく（みじん切り）……1片分
白ワイン……100ml
A ┌水……150ml
　│バルサミコ酢……大さじ2
　└オレンジマーマレード……90g

コーンスターチ（または片栗粉）……適量
レモン果汁……1/3個分
オリーブオイル……25ml
塩……適量

＊コーンスターチ（または片栗粉）は、同量の
水（分量外）で溶いておく。

01 仔羊肉は室温に戻し
て半分に切り、仔羊
用の塩を振る。

02 フライパンにオリー
ブオイル10mlを入れ
て弱火にかけ、肉を入れる。
はじめは焼き色をつけずに、
転がしながらゆっくりと加熱
する。

03 徐々にフライパンの
温度が上がり、肉に
もうっすらと焼き色がついてく
る。いい香りが立ってきたら、
肉をいったんバットなどに取
り出す。
＊ロゼに仕上がるように2回に
分けて火を入れていきます。

04 きれいにしたフライ
パンにオリーブオイ
ル15mlを入れて中火にかけ
る。にんにくと玉ねぎを入
れ、塩ひとつまみを振って炒
める。

仔羊もも肉と
オレンジマーマレードのブレゼ

05 玉ねぎがしんなりとしたら白ワインを注いで沸かす。

06 半量まで煮詰まったらAを入れ、オレンジマーマレードを溶きながら混ぜる。

07 煮汁をひと煮立ちさせてアクが出たら取り除き、3の仔羊肉を戻し入れる。

08 弱火に落とし、蓋をして1〜2分加熱する。
＊煮るのではなく、しっとり蒸すイメージ。加熱しすぎないよう注意します。

09 蓋を外して煮汁をスプーンで肉にかけながら3〜4分加熱する。
＊肉はアロゼすることにより、ふっくらと仕上がり、マーマレードソースの甘くてビターな風味との一体感が生まれます。

10 仔羊肉がふっくらとしてきたらフライパンから取り出し、温かい場所で休ませる。
＊お店ではコンロ上の棚に置きますが、家庭のキッチンではガス台の近くなどに。

11 煮汁が煮詰まってくる前に、事前に水溶きしておいたコーンスターチをもう一度よく溶き、フライパンに加える。
＊コーンスターチは溶いてから時間をおいたほうが、しっかりととろみがつくので、できれば前日から準備しておくとよいです。格段の差が出ます。

12 煮汁の様子を見ながら混ぜ、ゆるやかなとろみをつける。しっかりと沸かして艶が出てきたら、レモン果汁を入れて火を止める。
＊マーマレードは煮詰めると甘さがくどくなる。熱を入れるのは水分をとばすためではなく、水溶きのコーンスターチの艶を出すためです。

盛り付け

器にソースを敷いてスライスした仔羊肉をのせ、塩ゆでしたブロッコリー（分量外）を添える。

Rôti de filet de canard

鴨むね肉のロースト

▶作り方は p.96 参照

鴨むね肉のロースト

鴨のむね肉は、脂がたっぷりとついた皮目と、肉がむき出しになっている身の面が、はっきりと分かれていることを常に意識しながら調理することが肝心。脂身は塩が弱いと味がぼやけてしまうので、皮目に気持ち多めの塩を振ること。火入れの際も、皮目を重点的に、脂を出しながら焼くことで、身とフライパンの間にワンクッションが入り、優しく火が入ります。ゆったりと焦らずに焼くことができますよ。

直径25cmの
フッ素樹脂加工フライパン

【材料】(2人分)
鴨むね肉……1枚(280g)
塩……3.36g(肉の重量の1.2%)
バター(角切り)……15g
植物油(くせのないもの)……20ml

鴨肉の下準備

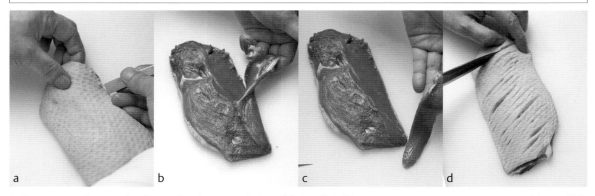

写真はシャラン鴨のむね肉。皮目に毛が残っている場合は毛抜きで抜き(a)、ささみがついていたら、火の通りが違うので外す(b、c)。皮目に斜めに切り込みを入れる(d)。市販のマグレ鴨なら、毛抜きの必要がほとんどなく、ささみも外されているので、皮目の切り込みのみすればOK。

01 鴨肉は室温に戻さず冷たい状態から調理する。皮目に6、身に4くらいの割合で塩を振る。ささみがある場合は、薄く塩を振る。

02 冷たいフライパンに植物油10mlを入れ、鴨肉の皮目を下にして入れ、弱めの中火にかける。

03 フライパンが温まると、皮目の脂が溶け出して油となじみ、量が増えてくる。肉がキュッと持ち上がってきたら、ひっくり返す。

04 身が白く色が変わったらまたひっくり返し、皮目を重点的に、何度か返しながら焼いていく。

05 全体にふっくらと丸まってきたら火を止める。

06 網を重ねたバットに取り出して3分ほど休ませる。

07 フライパンを弱めの中火にかけ、鴨肉を戻し入れる。皮目を中心に転がしながら焼いていくと、徐々に皮が縮み始めてくる。脂の多いマグレ鴨の場合は、ここでしっかり皮目を焼き、脂を出しておく。

08 再びふっくらとしたら火を止め、網を重ねたバットに取り出す。皮目を上にしてアルミホイルで全体をしっかりと包み、5分おいて休ませる。
＊鴨肉の皮目は脂が多いので乾きにくいが、身の面はむき出しなのでアルミホイルで包む。

09 フライパンに残っている油は捨て、植物油10mlとバターを入れて弱めの中火にかける。

10 バターが溶けて細かい泡が出てきたら8の鴨肉を戻し入れる。

11 ささみがある場合は、ここで一緒に入れ、2回ほど上下を返しながらサッと焼いて、ささみのみ取り出す。

12 鴨肉は転がしながらバターをスプーンですくってアロゼし、皮目をしっかりと焼く。

13 鴨肉がコロッと丸く膨らみ、皮目にしっかりと焼き色がつき、バターの色が皮目と同じノワゼット（はしばみ色）になったタイミングで火を止める。

14 網を重ねたバットに取り出し、5分ほど休ませる。スライスし、付け合わせとともに器に盛り付ける。

付け合わせ

グリーンアスパラガスのソテ

グリーンアスパラガス適量は、根元に近い部分の皮をむいて、硬いところは切り落とす。固ゆでにし、オリーブオイル適量を入れたフライパンでサッと焼いて塩少々で味を調える。

Filet de canard braisé
aux olives vertes

鴨むね肉と
グリーンオリーブのブレゼ

だしを使わず、グリーンオリーブの熟成感と塩気、ミニトマトの旨味やハーブの香りで味の骨格を
作り、鴨肉にまとわせる。シンプルだけどしみじみ味わい深い大人のひと皿。こういう料理をサッ
と作って出せたら、かっこいいですよね。パリの老舗ビストロで食べた、鴨とオリーブの組み合わ
せに想いを馳せながら作りました。

直径 25cm のフッ素樹脂加工フライパン

【材料】(2 人分)

鴨むね肉……1 枚 (280g)
塩 (鴨用) ……3.36g (肉の重量の 1.2%)
グリーンオリーブ (塩水漬け) ……200g
ミニトマト……5 個
ローズマリー……3 枝
白ワイン……60ml
水……100ml
オリーブオイル……40ml

＊グリーンオリーブは水洗いして、ざるにあけて
おく。
＊ミニトマトは断面か
らジュースが出やすい
ように横半分に切る。

01　鴨肉は分量の塩を振って、p.96〜97の鴨むね肉のローストを参照しオリーブオイル20mlで焼き、手順8のアルミホイルで包んで休ませるところまで同様に調理する。

02　鴨肉を休ませている間に、空いたフライパンをそのまま弱めの中火にかけ、ミニトマトの断面を下にして入れる。上から軽く押しながら、鴨肉から出た脂を吸わせるように焼き、水分が出てきたらローズマリーを加える。

03　ローズマリーの香りが立ち、トマトの水分が半量まで減ったらグリーンオリーブを入れ、ざっと混ぜながら全体に熱を回す。トマトの水分がとび、オリーブがふっくらとしてきたら白ワインを加える。

04　ワインが半量程度に煮詰まったら分量の水を注ぐ。ひと煮立ちさせ、味見をし、足りなければ塩 (分量外) で調える。
＊煮汁にはオリーブの塩味とミニトマトの旨味、白ワインの酸味、ローズマリーの香りが出てくる。オリーブによって塩味が強いものがあるので必ず味見を。

05　1で休ませておいた鴨肉をアルミホイルから取り出し、皮目を下にして 4 の上にのせる。

06　蓋をして3分ほど加熱したら鴨肉を取り出す。

07　仕上げにオリーブオイル20mlを入れ、フライパンをゆすって乳化させる。オリーブに艶が出て、ぷっくりと膨らんだ状態になったら火を止める。器にオリーブとソースを盛り、スライスした鴨肉をのせる。

|Chapitre 5|Viande hachée|
挽き肉

もしも牛肉の切り落としがあったら、何を作りますか?
ご自分で手切りにして粗い挽き肉にできますよね。これで
ステーク・アッシェ、フランス風のハンバーグを作ってみてください。
絶対おいしいはずです。
そしてその対極にあるのが、つなぎをマックスぎりぎりまで入れた
ハンバーグ。ふわふわのムース状で、ひと口食べてその食感に
驚きます。洋食というジャパニーズスタイルかもしれませんが
実は高度なテクニックを要するひと皿です。
ムサカにしても、チリコンカンにしても純粋なフレンチでは
ないのですが、私の十八番。
料理の組み立て方はフランス料理の考え方を踏襲しているのです。
一度お試しください。

Steak haché à l'ancienne

ステーク・アッシェ

フランス式の牛肉ハンバーグ、ステーク・アッシェには、本来つなぎがほとんど入りませんが、あまり肉っぽさが強くても食べ飽きてしまうもの。その緩衝材として、玉ねぎと卵黄を練り込みます。焼き方はレアでもOKですが、牛肉を包丁で刻むので、赤みは残しつつ、火はしっかり通して。粗く刻んだ肉のほろほろとした食感が醍醐味です。▶作り方は p.102 参照

ステーク・アッシェ

直径 26cm の鉄製フライパン

【材料】(2 個分)
牛切り落とし肉（もも、ヒレなど）……300g
塩……3g（肉の重量の 1%）
黒胡椒……適量
玉ねぎ（みじん切り）……20g
卵黄……1 個分
植物油（くせのないもの）……大さじ 1

＊肉を練るボウルは冷蔵庫で冷やしておく。

01　牛肉は冷たい状態のものを5mm角くらいに細かく刻む。

02　ボウルに入れて塩と黒胡椒を振る。

03　粘り気が出てくるまで手でしっかりと練ったら、玉ねぎと卵黄を入れてさらに練る。

04　練り終わったら、肉だねを2等分にする。

05　手に植物油（分量外）をつけて、4のたねを1個分取り、両手で成形していく。

06　両手でキャッチボールをするようにして空気を抜き、少し厚みを持たせた円盤状に丸める。残りのたねも同様に成形する。

07　フライパンに植物油を入れて中火にかける。温まったら6のたねをのせ、火を少し弱めて蓋をする。

08　1分ほどしたら蓋を外して、たねをターナーなどを使ってひっくり返す。

09　また蓋をして1分、蒸し焼きにする。両面に焼き色がついたら火を止め、蓋をしたまま余熱で1分、火を入れる。

10　焼き上がりは中央がふっくら膨らんでいる。付け合わせとともに、皿に盛り付ける。

焼き上がり

焼き方や火入れの時間は、合挽き肉のふわふわハンバーグ（p.105）と変わらないが、厚みを持たせたので中は適度に赤みが残る。

付け合わせ

生いちじく

完熟のいちじくを半分に切ったものを添えて。ほかの赤いフルーツも肉料理と相性が良く、おすすめはさくらんぼ、いちご、ラズベリー、ブルーベリー、ざくろなど。もちろんオーソドックスなじゃがいもの付け合わせもおいしい。

Steak haché à ma façon

合挽き肉のふわふわハンバーグ

玉ねぎやパン粉などのつなぎを挽き肉と同量近く入れ、ふわふわとした食感に仕上げたハンバーグ
です。たねがとても柔らかくムース状なので肉が冷たいうちに調理し、フライパンにのせるときや、ひっ
くり返すときには、触りすぎないように気をつけてください。お好みでソースを工夫したり、目玉焼
きやチーズをのせたりして楽しむのもいいですね。

直径 26cm の鉄製フライパン

【材料】(3 個分)
牛豚合挽き肉（細挽き）……300g
塩……小さじ 1 弱
白胡椒……適量
生パン粉……80g
牛乳……120ml
玉ねぎ（みじん切り）……100g
卵……1 個
植物油（くせのないもの）……大さじ 1

＊塩はパン粉を除いたたねの全量に対して1%を目安に。
＊肉を練るボウルはあらかじめ冷蔵庫で冷やしておく。

01 ボウルに生パン粉を入れ、牛乳を混ぜて吸わせておく。

02 よく冷やしたボウルを用意し、冷たい状態の挽き肉と塩を入れる。

03 手でよく練って肉に粘りを出す。

04 香りづけの白胡椒を入れてさらに練る。

05 4のボウルに玉ねぎ、牛乳に浸したパン粉の順に入れ、そのつど手で混ぜ込む。

06 混ぜ込むときは指を開いて、たねを握るようにしながら、手のひらで押してしっかりと練る作業を繰り返す。

07 全体がまとまったら、卵を加える。

08 さらに手のひらで押すようにしっかり練り、たねをまとめる。
＊材料をひとつずつ丁寧に練り込みつつ、挽き肉が温まらないよう手早く行うのがポイント。

09 たねを3等分にする。

10 手に植物油（分量外）をつけて1個分を取り、両手でキャッチボールをするように空気を抜いてラグビーボール状にする。

11 たねをバットにのせてから手のひらで平たく潰す。残りのたねも同様に成形する。

12 フライパンに植物油を入れて中火で温める。金属のへらに油(分量外)を薄く塗って11のたねを1枚すくい取り、フライパンへのせる（2枚のせてもよい）。

13 少し火を弱めて蓋をし、2分、蒸し焼きにする。

14 2分後。蓋を外すと、蒸気でたねの表面が白くなっている。

17 火を止めた時点では、中まで完全に火が通っていないので、蓋をしてそのまま余熱で2分ほど蒸らす。串を刺して、透明な肉汁がにじんできたら焼き上がり。残りのたねも同様に焼き、付け合わせとともに皿に盛り付ける。

15 ひっくり返すときは、たねが柔らかいので、金属のへらでたねの先を軽く引っかけるようにする。再び蓋をして2分、蒸し焼きにする。

16 蓋を外して、たねの縁に接する油の気泡が細かくなっていたら、ほぼ火が通った合図。裏面にも焼き色がついていることを確認し、火を止める。

付け合わせ

きのこのソテ

マッシュルーム、エリンギ、椎茸、しめじ各適量をフライパンに広げて弱火でじっくりと素焼きにし、表面に水分がにじんできたら塩少々を振る。ひっくり返してもう片面も同様に焼き、仕上げに好みのオイルを回しかける。

合挽き肉のふわふわハンバーグ
ふわっと弾力のある焼き上がり。洋食屋さん風の優しい味わいでいろいろなソースとも相性がよい。

point
レシピにも記したが、このハンバーグのたねはとても柔らかくデリケートなので、直接触れる手や金属のへらに薄く油をつけると作業がスムーズに運ぶ。

| Moussaka

なすのムサカ

なすが旬の夏におすすめの冷製のひと皿。「ムサカ」はもともとギリシャ・トルコ・バルカン半島一帯などで作られ、なす、挽き肉、トマトなどを用い、地域によっては、じゃがいもやチーズも使います。フランスではお惣菜屋さんなどで人気の挽き肉料理です。ここではシンプルに、揚げなすのペーストがたっぷりと入った粗挽き肉の煮込みを作り、なすの皮で包んで仕上げました。野菜の甘さだけでは少し飽きてしまうので、赤ワインをたっぷりと入れて煮詰め、コクと酸味を添えることで味に広がりを持たせています。さっぱりとしたトマトのクーリを絡めてどうぞ。

直径18cmと25cmの
フッ素樹脂加工フライパン

【材料】(作りやすい分量)

なす……5本
牛豚合挽き肉(粗挽き)……500g
玉ねぎ(みじん切り)……200g
にんにく(みじん切り)……1片分
トマト(1cm角に切る)……中3個分
タイム……3枝
クミンシード……3g

赤ワイン……200ml
白胡椒……適量
塩……適量
オリーブオイル……大さじ1
揚げ油……適量

＊トマトは皮を湯むきして種を取ってから角切りにする。

なすの下準備

01 なすはへたとお尻の部分を少し切り落としてから縦半分に切り、白い身の部分に数カ所、斜めに切り込みを入れる。

02 フライパンに揚げ油を熱し、なすの断面を下にして入れ、香ばしい色がついたらひっくり返す。

03 皮目もサッと揚げ、トングで持って柔らかくなっていたら引き上げ、断面を下にして油をきる。

04 粗熱がとれたらなすの身をスプーンでくりぬく。

05 なすの皮はバットなど平らなところに並べ、皮の内側に軽く塩を振る。

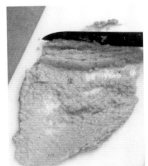

06 4でくりぬいたなすの身は包丁で細かく叩いて、ピュレ状にする。

07 小さいフライパンにラップを敷き込む。このフライパンは型代わり。直径18cmのセルクル型があればそれでもよい。

08 5のなすの皮を、へた側を中心にして放射状に並べる。外側ははみ出させておく。

09 大きなフライパンにオリーブオイルとにんにくを入れて弱火にかけ、ゆっくり炒めて香りが立ったら玉ねぎを入れる。

10 塩ひとつまみと白胡椒を多めに振り、甘みが出るまでしっかりと炒めたらトマトを入れ、塩ひとつまみを振って炒める。

11 トマトを入れて炒める途中、まだ水分が残っているところでタイムとクミンシードを加え、香りをつけながら水分をとばしていく。

12 水分がとんだら、6のピュレ状にしたなすを加えて、塩ひとつまみを振る。

13 焦がさず香ばしさを出すように炒めていくと、なすがつなぎになってとろみがついてくる。

14 水分がしっかりとんだら、挽き肉を入れて炒める。

15 ある程度挽き肉がほぐれたら、塩ひとつまみを振ってさらに炒める。

16 火が入り、肉の赤みが見えなくなったら赤ワインを注いで混ぜ、煮詰める。

17 水分がとび、ぽってりと重たい感触になったら火を止め、タイムを取り除く。これがムサカのフィリング（詰めもの）になる。

18 8のなすの皮に、17のフィリングを詰めていく。

19 フィリングの表面を平らにならす。はみ出たなすの皮で蓋をしながらラップをかぶせる。粗熱をとり、フライパンごと冷蔵庫で冷やし固める。

20 冷やしたムサカのラップを開いてから、フライパンを逆さにして皿に取り出し、ラップをすべてはがす。銘々の皿にトマトのクーリを敷き、切り分けたムサカを盛る。

トマトのクーリ

【材料】(作りやすい分量)
トマト……中2個
塩、白胡椒……各適量
レモン果汁……少々
E.V. オリーブオイル
　　……60ml

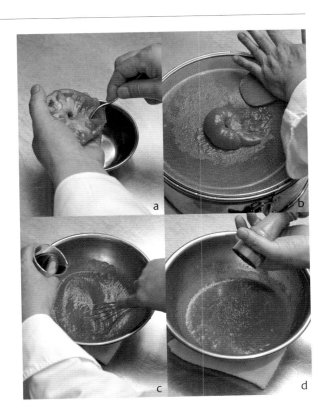

1　トマトは横半分に切り、種を取ってから裏漉しする（a、b）。
2　裏漉ししたトマトに強めに塩をし、よく混ぜて溶かしてからE.V.オリーブオイルを少しずつ加えて混ぜ合わせる（c）。レモン果汁と白胡椒で味を調える（d）。
＊白胡椒の代わりにタバスコやカイエンヌペッパーで辛味を効かせてもよいです。

Chili con carne

チリコンカン

ほっくりと柔らかい金時豆に、挽き肉やスパイスなど、さまざまな香りと旨味がしみ込んで、し
みじみおいしい。純粋なフレンチではないですが、髙良流の挽き肉レシピをフライパンひとつで。
最後に入れるトマトの風味を生かすために赤ワインは先に入れ、その水分が残っているうちに
スパイスを加えて旨味を引き出すなど、フライパンへ順に材料を加えていくだけの簡単な工程
でも、その順番やタイミングにポイントが詰まっています。レタスに包んで、ライムをギュッと搾っ
て。ワインはもちろん、ビールやウイスキーとの相性も抜群です。

直径 25cm の
フッ素樹脂加工フライパン

【材料】(4 人分)
牛豚合挽き肉（細挽き）……300g
キドニービーンズ（金時豆。乾燥）……125g
ベーコン（スライスをみじん切り）……2 枚分
玉ねぎ（みじん切り）……200g
にんにく（みじん切り）……1 片分
赤ワイン……100ml
A ┌ ガラムマサラ……5g
　├ ターメリック……5g
　└ クミンパウダー……3g

ホールトマト（缶詰）……1 缶（400g）
トマトケチャップ……大さじ 1
カイエンヌペッパー……適量
塩……適量
植物油（くせのないもの）……大さじ 1
レタス、ライム……各適量

豆の下準備

キドニービーンズは、たっぷりの水に一晩浸
して戻し（a）、戻し水と一緒に鍋に入れて
中火にかけ、柔らかくなるまでゆでる（b）。
途中、水が減ったら足す。ゆで汁ごと冷まし
てから、ざるにあける。市販の水煮や蒸し
た豆を使う場合は、300g弱用意する。市販
の水煮は塩分がついているものがあるの
で、味つけの塩加減に注意すること。

a

b

113

01 フライパンに植物油とベーコンを入れ、中火にかけて炒める。

02 ベーコンの脂が出てきたらにんにくを入れ、ざっと混ぜてから玉ねぎを入れる。

03 塩ひとつまみを振って、玉ねぎが透き通るまで炒める。

04 玉ねぎがつやっとしてきたら挽き肉を入れ、塩ひとつまみを振ってほぐすように炒める。

05 挽き肉をほぐしながら炒めていくと、フライパンの底に水分が出てくるので、しっかりととばすように炒める。

06 水分がとび、そぼろ状になると、挽き肉から脂が出てくるので、ここで赤ワインを入れる。

07 ワインの水分があるうちにAのスパイス（ガラムマサラ、ターメリック、クミンパウダー）を加えて、よく混ぜる。
＊スパイスは水分があることで香りの効力を発揮します。

08 さらに火を入れていくと赤ワインが煮詰まり、挽き肉とスパイスがなじんでくる。
＊次にトマトの水分が入るのでここでしっかり煮詰めます。

09 ホールトマトを潰してから入れ、続けてゆでたキドニービーンズを入れる。

10 最後に甘み出しのトマトケチャップを入れて全体を混ぜる。

11 豆に味を含ませるように煮詰め、ゴムべらで鍋底に線を引くと戻っていくくらいの水分を残した状態で、味をみて塩で調える。

12 辛味が欲しい場合、最後にカイエンヌペッパーを入れるが、少量で効くので味をみながら加えること。器にレタスを敷いてチリコンカンを盛り、くし形に切ったライムを添える。

|Chapitre 6|Poissons|

魚介

プロ・アマ対象のさまざまな料理講座で、
講師を務める機会が少なくありません。
そして一般の方々向けのレッスンで
リクエストを求められるのが魚料理のメインディッシュです。
肉料理ならわりとレパートリーがあるのだが、フレンチで
しかもメインとなると魚料理は難しいということなのでしょう。
和食でもない、イタリアンでもない、
フレンチらしい魚介料理とは？
バターを効かせた濃厚なソースづかいも覚えてほしいですし
スパイスとの組み合わせ、またフルーツで酸を効かせた
爽やかなひと皿もおすすめです。
地方料理ならブイヤベースや
さばの白ワイン煮などもありますね。

舌平目のムニエール
焦がしバターソース

フランス料理の魚といえば、この料理を思い浮かべる人も多いのではないでしょうか。
舌平目のしっとりと繊細な身と香ばしいバターソースが絶妙な組み合わせ。シンプル
な調理だけにバターの扱いがものを言います。ムース状になる火加減を保ちながら
ノワゼット（はしばみ色）にもっていく。焦がしバターは一瞬のソースなのです。

直径 25cm のフッ素樹脂加工フライパン

舌平目のムニエール
【材料】（1〜2人分）
舌平目……1尾（約 380g）
塩（魚用）……魚の重量の 0.7％
強力粉……適量
バター……60g
オリーブオイル……60ml
白胡椒……適量　　　　　　　＊バターは角切りにして冷蔵庫で冷やしておく。

舌平目の下準備

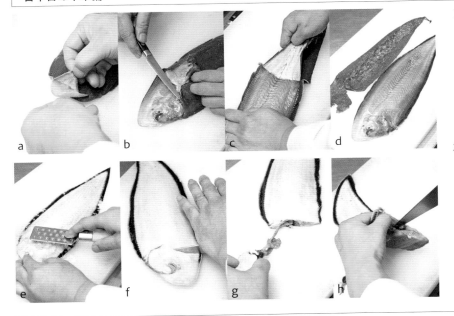

a　b　c　d
e　f　g　h

1　舌平目は頭の側から皮をつまみ（a）、尾のほうへ引っ張るが、途中、腹のあたりで引っかかる部分はナイフではがすとよい（b）。尾に向かって皮をゆっくり引き、きれいにむき取る（c、d）。

2　裏面は皮はむかずにうろこを取る（e）。いったん洗って水けを拭き取る。口の上部に切り込みを入れ（f）、頭を持って切り口から口側へ向かって引っ張ると、内臓がきれいに抜ける（g）。包丁の先で残った血合いを取る（h）。

舌平目を焼き、バターでアロゼする

 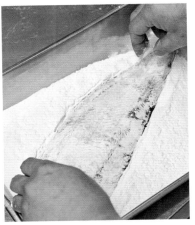 

01　さばいた舌平目に塩を振り、白胡椒を振る。

02　強力粉を全体にしっかりとまぶし、余分な粉をはたいて落とす。粉をまぶすと塩が流れ出ることがないので、薄めに塩をするのがポイント。

03　フライパンにたっぷりのオリーブオイルを入れて中火にかけ、舌平目を皮をむいた表側を下にして入れる。

舌平目のムニエール
焦がしバターソース

04 舌平目の下にもオイルを入れて泳がすように、パチパチ、ジュクジュクする火加減でゆっくり焼き色をつけていく。

05 いい色がついたら裏返し、皮目も色がつくまで焼いて、余分な油を捨て、フライパンをきれいに拭き取る。

06 5にバターを入れて溶かし、ムース状になる火加減をキープ。

07 舌平目を自分から向かって縦長になるように置き、手前から奥へとバターをかけアロゼする。
＊フライパンは手前に傾けたままにせず、奥にバターをかけるタイミングで向こう側へ傾けると、奥側の温度が下がることがない。

08 バターがだんだんと茶色く、はしばみ色になり、泡の勢いが落ちてくる。

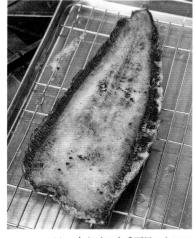

09 バターをかけても舌平目の上にのらなくなったら、焼き上がり。網を重ねたバットにのせて余分な油をきる。

付け合わせ

ゆでたじゃがいも、パセリ

盛り付け

皿に付け合わせのじゃがいもを置いてパセリのみじん切りを振り、舌平目をのせ、焦がしバターソースをかける。

ソース名のブール・ノワゼット beurre noisetteのノワゼットはフランス語で「はしばみ（ヘーゼルナッツ）色」を表します。フライパンの中でムース状になったバターに、徐々に焦げ色がついて、はしばみ色になったタイミングで出来上がり。バターは加熱するとあっという間に高温になり焦げすぎるので、シンプルだからといって油断しないで！　目と鼻（嗅覚）を働かせて作る真剣勝負のソースです。

焦がしバターソース

【材料】(作りやすい分量)

バター……100g
ケイパー（酢漬け）……30g
レモン果汁……1/2個分
パセリ（みじん切り）……5g
塩、白胡椒……各適量
＊バターは角切りにして冷蔵庫で冷やしておく。

1　きれいなフライパンにバターを入れて中火にかける（a）。溶けてきたらケイパーも入れて、じっくり加熱する（b）。

2　硬く蕾を閉じているケイパーが開いてくる（c）。このタイミングで、バターもムース状になっているのが理想。バターが少しずつ、はしばみ色になりながら、ケイパーの香りがしっかりと出たらレモン果汁を入れる（d）。

3　塩を少ししっかりめに振り、白胡椒、パセリを入れ（e、f）、ひと煮立ちさせて火を止める。

Daurade et champignons braisés
au vermouth

真鯛とマッシュルームのブレゼ
ヴェルモット風味

フランス料理に「デュグレレ風」という調理法があります。エシャロットやトマトをベースに、魚など
を蒸し煮にする伝統的なレシピで、本来はオーブンで全方向から優しく火入れしますが、このデュ
グレレ風をフライパンで作れるようアレンジしました。野菜の旨味を骨格にして白ワインとヴェルモッ
ト、バターが織りなすソースは、これぞフレンチ！　王道の味わいです。魚は真鯛やひらめ、かれ
いなど、筋線維が細く繊細な身質のものを選ぶとよいでしょう。

直径 25cm の
フッ素樹脂加工フライパン

【材料】(2 人分)
真鯛（切り身）……2 切れ（1 切れ 70g）
塩（魚用）……魚の重量の 0.6%
エシャロット（スライス）……25g
マッシュルーム（スライス）……25g
トマト……80g
A｛白ワイン……120ml
｜ドライ・ヴェルモット……80ml
｜水……50ml
｜パセリの軸……2 本
塩……適量
バター……25g
オリーブオイル……小さじ 2
パセリ（みじん切り）……適量

＊ドライ・ヴェルモットは白ワインをベースにハーブやスパイスを加えたフレーバードワイン。カクテルや魚料理のソースによく使われる。

01 トマトは半量ずつに分け、片方は皮付きのまま種を取って 1cm 角に切り、もう片方は皮をむいて種を取り、5 ～ 7cm 角に切る。バターは 10g と 15g に分け、どちらも角切りにして冷やしておく。

02 真鯛は全体に魚用の塩を振る。

03 ペーパータオルで包んで冷蔵庫にしばらくおいて余分な水分を出す。

04 フライパンにオリーブオイルを入れて弱めの中火にかけ、エシャロットを炒める。

05 しんなりとして香りが立ってきたら、マッシュルームを入れて焦がさないように炒める。

06 マッシュルームが縮み、水分が出始めたらいったん火を止め、A（白ワイン、ドライ・ヴェルモット、水、パセリの軸）を加える。
＊水の代わりにフュメ・ド・ポワソン（魚のだし）を使うと、さらに深い味わいになる。

真鯛とマッシュルームのブレゼ
ヴェルモット風味

07 再び中火にかけ、塩をひとつまみ入れてひと煮立ちさせたら、1の皮付きのトマトの小角切りを加えてざっと混ぜる。

08 冷蔵庫から真鯛を出してフライパンに入れ、バター10gをのせたら蓋をする。

09 弱火で蒸し煮にする。2分経ったら真鯛を取り出す。煮汁はフライパンに残す。

10 真鯛は乾かないようラップをかけて温かい場所に置いておく。
＊お店ではコンロ上の棚に置きますが、家庭のキッチンではガス台の近くなどに。

11 フライパンの煮汁はそのまま火にかけ、さらに旨味を引き出す。パセリの軸の色が変わり、野菜がすべてくったりとしたら、ざるに入れて漉す。

12 煮汁はしっかりと漉し取りたいが、押しすぎて野菜のペーストが出ないように注意する。

13 漉した煮汁をフライパンに戻し入れて中火にかけ、煮詰めていく。味をみて薄ければ塩で調える。半量程度に煮詰まったら火を止め、バター15gを入れてホイッパーでかき混ぜる。

14 混ぜながら再び中火にかけて乳化させたら、皮をむいたトマトとパセリを加え、10の真鯛を戻し入れ、ソースをかけながら温める。器に真鯛を盛り、ソースを添える。

Morue braisée à la hongroise

鱈のオングロワ パプリカ風味

オングロワは「ハンガリー風」という意味で、たいていはパプリカを使う料理を指します。通常は玉ねぎを炒めたらパプリカパウダーを入れて、といった流れで作るものですが、ここでははじめにホールスパイスを油でテンパリングし、さらに味の奥行きを出しました。鱈のような筋線維の太くしっかりとした魚は、ギリギリまで火を入れて、ぼろっと大きく身が割れたところに味が入っていくのがおいしい。仕上げに生クリームを入れますが、ヨーグルトの酸味も加わるので、重たくならずにスパイスの旨味を引き立ててくれますよ。▶作り方は p.124 参照

鱈のオングロワ パプリカ風味

直径25cmの
フッ素樹脂加工フライパン

【材料】(2人分)

鱈(切り身)……2切れ(1切れ70g)
塩(魚用)……魚の重量の0.8%
A コリアンダーシード……1.5g
クミンシード……1g
植物油(くせのないもの)……25ml
ベーコン(みじん切り)……10g
玉ねぎ(みじん切り)……25g
トマト(1cm角に切る)……20g
タイム……1枝
ローリエ……1枚
白ワイン……60ml
オレンジジュース……60ml
水……150ml
B クミンパウダー……2g
フェネグリークパウダー……1g
パプリカパウダー……5g
生クリーム(乳脂肪分38%)……100ml
プレーンヨーグルト……20g
塩……適量

＊トマトは皮を湯むきして種を取ってから角
切りにする。

01 鱈は魚用の塩を振り、皮目を上にしてペーパータオルで包み、使うまで冷蔵庫に置いて余分な水分を抜く。

02 フライパンにAのホールスパイス2種と油を入れて弱火にかけ、ゆっくりとスパイスに火を入れる。

03 小さな泡が出てスパイスが色づいてきたら、ベーコンを入れてサッと炒める。

04 ベーコンの脂が出たところで玉ねぎとトマトを入れ、塩ひとつまみを振って炒める。

05 途中でタイムとローリエを加える。ローリエはちぎって入れると香りが出やすい。

06 香りが立ってきたら白ワインを入れて火を強め、アルコールをとばす。

07 ひと煮立ちさせたら オレンジジュースと 分量の水を入れる。
＊水の代わりにフュメ・ド・ポワ ソン（魚のだし）を使うと、さら に深い味わいになります。

08 さらにBのパウダース パイス3種を加えてよ く混ぜる。

09 塩ひとつまみを入れ て弱めの中火でしば らく煮立てて、スパイスをなじ ませる。

10 1の鱈を冷蔵庫から 出す。塩をあてて浸 透圧で出た水分はペーパータ オルに吸収され、身がほどよ く弾力のある状態。

11 9のフライパンに鱈 を皮目を上にして入 れ、アクが出たら取り除く。

12 静かに沸くくらいの 火加減で、蓋をし、3 分ほど加熱する。

13 3分経ったら蓋を外 し、鱈の上から繰り 返し煮汁をかけて、アロゼ する。
＊鱈とスパイスの旨味が溶け合 い、全体に味がなじんできます。

14 ソースが乳化してき たら生クリームと ヨーグルトを加え、フレッシュ な酸味をプラスする。

15 軽く沸かしてなじま せ、塩で味を調え る。タイムとローリエを取り除 き、鱈とソースを器に盛る。

Rascasse poêlée aux épices

カサゴのポワレ
スパイスの芳香

香りのよいさまざまなスパイスを皮目に貼りつけて焼き上げます。粗く砕いているので、噛んで
弾ける食感も楽しんでください。弱火でじっくりとスパイスに火を入れるので、魚は繊細なもの
よりも、筋線維の太いカサゴや鱈など、しっかりとした火入れにも耐えられるものが合います。
ソースはブールブランソース。付け合わせはほろ苦い風味のアンディーヴ。バターでソテーした
ものを用意しました。組み合わせの妙をお楽しみください。

直径18cmと25cmのフッ素樹脂加工フライパン

カサゴのポワレ

【材料】(2人分)

カサゴ(切り身)……2枚(1枚60g目安)

塩(魚用)……魚の重量の0.8%

卵白……1個分

ミックススパイス

コリアンダーシード……5g

マニゲットシード……2g

クミンシード……6g

アニスパウダー……0.5g

マドラス(カレーパウダー)……3g

タイム(ドライ)……1g

ローズマリー(ドライ)……1g

オリーブオイル……適量

塩……適量

＊マニゲットシードは胡椒に似た種子で、柑橘のような清涼感がある。

＊マドラスは数種のスパイスをミックスした、フランスでポピュラーなカレーパウダー。日本でも入手可能。

01 ミルにホールスパイス(コリアンダー、マニゲット、クミン)とドライハーブ(タイム、ローズマリー)を入れ、粗く粉砕する。

＊ハーブは必ずドライを使用。香ばしく仕上がります。

02 残りのパウダースパイス(アニス、マドラス)も入れ、全体が混ざる程度に軽く攪拌する。

03 ミックススパイスの完成。挽きたてのホールスパイスを使うと食感も香りもぐっと複雑になる。

04 カサゴは皮目の身の厚い部分に切り込みを入れ、魚用の塩をする。ミックススパイスを使うので、胡椒は振らなくてよい。

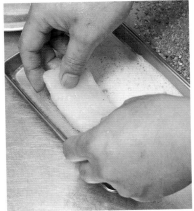

05 卵白をコシが切れるまで溶いてバットに入れ、カサゴの皮目につける。これが糊代わりになる。

06 5の卵白をつけた部分に、3のミックススパイスをしっかりと貼りつける。

07 カサゴの皮目がミックススパイスで覆われた状態。少し落ち着かせる。

08 フライパンにオリーブオイルを多めに入れて中火にかけ、温まったら7のカサゴを皮目を下にして入れる。弱火にしてゆっくり焼き、スパイスにしっかりと火を入れる。

09 だんだんと身が盛り上がってくるので、上から少しだけ押さえる。鍋底にくっつきやすいので火加減には注意して。

10 スパイスがカサゴにきちんと密着していれば、いい香りが上がってくる。それを合図に裏返す。

11 油を皮目にかけアロゼしながら焼く。フライパンは油をすくうときに手前に傾け、油をカサゴにかけながら奥に向かって傾け気味にすると、フライパンの手前だけ温度が高くなることなく火入れができる。

12 カサゴの身が大きく割れてきたら火が入った合図なので取り出し、網を重ねたバットの上で余分な油をきる。

付け合わせ

アンディーヴのソテ

フライパンに細切りにしたアンディーヴを並べ、色がつかないように弱火でバターソテーテーし、塩で味を整える。

盛り付け

皿にアンディーヴの付け合わせを盛り、カサゴのポワレをのせる。周りにブールブランソース（p.129）を流す。

ブールブランソース

フランス料理のなかでも、これぞ基本というべきバターソース。とくに魚料理とは好相性です。エシャロットやヴィネガー、白ワインなどをしっかり煮詰めて旨味の核を作り、たっぷりのバターを溶かし込みます。私は基本的にエストラゴンを使いますが、ここではレモンとパセリで仕上げました。料理によっては、白胡椒やマスタードを加えたり、シブレットを使ったり、ハーブやスパイスづかいでさまざまなヴァリエーションがあります（p.228 参照）。

【材料】(作りやすい分量)
エシャロット（みじん切り）…… 40g
白ワインヴィネガー……40ml
白ワイン ……200ml
バター …… 160g
レモン果汁 …… 少々
パセリ（みじん切り）…… 小さじ1½
塩 …… 適量

＊バターは角切りにして冷蔵庫で冷やしておく。

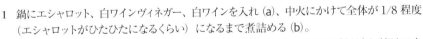

1 鍋にエシャロット、白ワインヴィネガー、白ワインを入れ (a)、中火にかけて全体が1/8 程度（エシャロットがひたひたになるくらい）になるまで煮詰める (b)。
＊径の大きな鍋だとエシャロットに火が通る前に水分が蒸発してしまうので、径が小さく深さのある鍋が最適。

2 弱火にして、冷蔵庫から出したての冷たいバターを、鍋に少しず入れ、ホイッパーで混ぜ込んでいく (c)。ホイッパーは大きく動かさず、一点を集中してかき混ぜ、そこにバターを落としていくときれいに乳化する。バターが乳化したらシノワ（または、ざる）に入れ、しっかりと押して漉し取る (d)。

3 再度火にかけ、塩でしっかりめに味を調え、レモン果汁とパセリを入れてよく混ぜる (e)。

Etuvée de noix de Saint-Jacques et navets

帆立とかぶのエチュベ

帆立もかぶも、フライパンにオイルを引かずに味をぎゅっと凝縮させるように焼くのがポイント。フッ素樹脂加工のフライパンだからできる方法です。これを、野菜と酒で作る旨味の詰まった水分の中で、なじませるようにサッと加熱して仕上げます。だしを使わず、軽やかな味わいなので、最後にアーモンドスライスや胡桃などのナッツ類を散らすと、コクがぐっとアップしますよ。

直径 25cm の
フッ素樹脂加工フライパン

【材料】(2人分)

帆立（貝柱）……4 個
塩（帆立用）……帆立の重量の 0.5%
かぶ……中 1 個
かぶの軸……3 本
トマト（1cm 角に切る）……30g
にんにく（みじん切り）……1/2 片分
玉ねぎ（みじん切り）……30g
白ワイン……20ml
ドライ・ヴェルモット……大さじ 2

生クリーム（乳脂肪分 38%）……60ml
塩……適量
オリーブオイル……大さじ 1
アーモンド（スライス）……適量
レモン果汁……適量

＊トマトは皮を湯むきして種を取って角切りにする。
＊ドライ・ヴェルモットは白ワインをベースにハーブや
スパイスを加えたフレーバードワイン。カクテルや魚
料理のソースによく使われる。

01 帆立は帆立用の塩を振る。
＊帆立自体に塩分があるので、
甘みを引き出す程度の薄い塩でよいです。

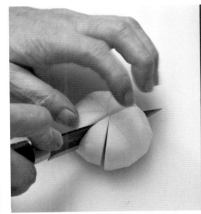

02 かぶは厚めに皮をむいて8等分に切る。かぶの軸は、幅の広いところを半分
の細さに切ってから小口切りにする。

03 フライパンにかぶを並べ、弱火
にかける。ゆっくりと加熱し、か
ぶの表面にうっすらと汗をかいたように
水分が上がってきたら、塩少々を振って
ひっくり返し、端に寄せる。空いたところ
へ帆立を並べる。

04 かぶの表面に艶が出てきたら、
かぶのみに塩少々を振って取り
出す。

05 帆立の側面が色づいてきたら、
下にターナーを差し込み、きれ
いにはがしてひっくり返す。もう片面は
サッと焼いて取り出す。

帆立とかぶのエチュベ

06 フライパンをきれいにし、オリーブオイルとにんにくを入れて弱火にかけ、油ににんにくが広がったら玉ねぎを入れる。

07 ざっと混ぜてから塩ひとつまみを振って炒め、玉ねぎがしんなりとしたら白ワインとヴェルモットを入れてひと煮立ちさせる。トマトを入れて塩ひとつまみを振る。

08 かぶと帆立を戻し入れたら、蓋をし、強めの弱火で1分ほど加熱する。

09 かぶも帆立も先に焼いているのですぐに火が入る。かぶに串を刺してスッと通ったら、帆立とともに取り出す。

10 フライパンのソースに生クリームを入れてひと煮立ちさせ、塩で味を調える。器にかぶと帆立を盛ってソースをかけ、かぶの軸とアーモンドを散らす。好みでレモン果汁を数滴垂らし、清涼感を添える。

Petits chinchards à l'escabèche

豆あじのエスカベーシュ

キリッと爽やかな酸味をまとったマリナード（マリネ液）には、色鮮やかな野菜がたっぷり。野菜はあまりくたくたに炒めず、食感を残すのがポイント。しっかりと味を含ませるために、豆あじの衣には強力粉をまぶしました。骨ごと食べますが、一度揚げで十分。そのほうが、ふっくらとした身も楽しめます。日本の豆あじには南蛮漬け風の味わいが合うので、グラニュー糖で少し甘みをつけました。これが冷蔵庫にあれば、すぐに白ワインが開けられますよ。▶作り方は p.134 参照

直径 25cm のフッ素樹脂加工フライパン

【材料】（作りやすい分量）

豆あじ……10 尾（1 尾 30g 程度）
塩（魚用）……魚の重量の 0.5%
強力粉……適量
揚げ油……適量
A ┤にんにく（スライス）……1 片分
　├赤唐辛子（種を取る）……1/2 本分
　└オリーブオイル……大さじ 2
玉ねぎ（スライス）……50g
ポロねぎ（せん切り）……35g
にんじん（せん切り）……35g
セロリ（スライス）……20g
トマト（1cm の角切り）……60g
パプリカ（スライス）……20g
白ワイン……150ml
白ワインヴィネガー……100ml
塩……適量
白胡椒……適量
グラニュー糖……7g
パセリ（みじん切り）……適量

＊トマトは皮を湯むきし、種を取ってから角切りにする。

豆あじの下準備

01 豆あじはうろこを軽く引き、ぜいごを取る。

02 頭のすぐ横に包丁を入れて腹側に頭を引っ張り、外す。

03 内臓をかき出して水洗いし、ペーパータオルで水けをしっかりと拭く。

04 バットに並べた豆あじに魚用の塩を振る。

05 強力粉をまんべんなくまぶしつける。

＊小さなバットに強力粉を敷き、豆あじの両面に粉をまぶしつけて、余計な粉をはたいて落とすようにします。薄くまんべんなく粉をつけます。

06 フライパンに揚げ油を入れて160℃くらいに熱し、豆あじの半量を入れる。骨があるので低めの温度からゆっくりと揚げ、全体にうっすらと色がついたら引き上げ、残りの豆あじも同様に揚げる。油をきった豆あじは、バットに並べておく。

＊一度に豆あじを入れると適温に熱した油の温度が下がるため、2回に分けて揚げます。

マリナードを作り、豆あじを漬ける

07 きれいにしたフライパンにAを入れて弱火にかけ、香りが立ってきたら玉ねぎとポロねぎを入れる。塩ひとつまみを振って炒め、しっとりとしたら、にんじんとセロリを入れ、塩ひとつまみを振って炒め合わせる。

08 全体がしんなりとしたらトマトとパプリカを入れて炒め合わせ、塩ひとつまみを振る。

09 全体がなじんだら白ワインを注いでひと煮立ちさせ、アルコールがとんだら白ワインヴィネガーを注ぐ。塩で味を調えたら香りづけの白胡椒を振り、グラニュー糖を入れて全体になじませる。

10 9の赤唐辛子は取り除き、熱いうちに6の豆あじの上にかける。粗熱がとれたらラップをかけて冷蔵庫で保存し、3〜4日で食べきる。

＊冷蔵保存でマリナードの風味がしっとりと豆あじに溶け込み、身も骨も柔らかく食べやすくなります。翌日が食べごろですが、数時間おくだけでも、おいしく食べられます。

盛り付け

豆あじと野菜を器に盛り、パセリを振る。

| Sardines à la provençale

いわしのプロヴァンス風

いわしにチーズやにんにくを混ぜたパン粉のフィリングを巻き込み、オリーブオイルで香ばしく焼いて、トマトやパプリカなど野菜のソースと一緒に軽く煮た一品です。ソースの野菜は甘味や香りを添えてくれるだけでなく、いわしからしみ出る旨味のエキスも吸い込んでくれます。フィリングを巻き込んだいわしは焼いただけでも、もちろんおいしく食べられますが、野菜の食感を生かしたソースはラタトゥイユより軽やかな仕上がりで、いわしとパン粉のさっくりと軽快な味わいと相性抜群です。

直径 25cm のフッ素樹脂加工フライパン

【材料】(2人分)

いわし……大 2 尾
塩 (魚用)……魚の重量の 0.6%

　生パン粉……10g
　にんにく (すりおろす)……1/3 片分
A　ハード系チーズ (すりおろす)……15g
　黒胡椒……適量
　オリーブオイル……小さじ 1
オリーブオイル (ソテー用)……小さじ 2

ソース

トマト (湯むきして 1cm 角に切る)……1/2 個分
パプリカ (赤と黄、5 〜 7㎜角に切る)
　……各1/2 個分
ズッキーニ (5 〜 7㎜角に切る)……1/2 本分

玉ねぎ (みじん切り)……50g
にんにく (みじん切り)……1 片分
オレガノ (ドライ)……ひとつまみ
ブラックオリーブ
　(種抜き・輪切りにする)……6 粒分
白ワイン……大さじ 1
水……大さじ 1
塩……適量
オリーブオイル……25ml
アーモンド (スライス)……適量
E.V. オリーブオイル……適量

＊ハード系チーズは、グラナ・パダーノを
使用、パルミジャーノでもよい。

いわしを手開きにする

01　いわしはうろこを引き、背側を手前に置いて頭のすぐ横に包丁で切り目を入れる。腹側が手前になるよう向きを変え、切り目から腹骨に向かって包丁を入れる。頭を腹側へ引っ張って取り、包丁の先で内臓をかき出したら、サッと水洗いし、ペーパータオルで水けを拭き取る。

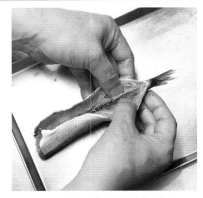

02　いわしの腹から尻尾に向かって親指を入れて開く。

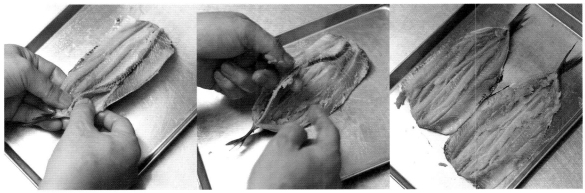

03　尻尾から頭に向かって中骨の骨ぎわに親指を入れて身をはがし、もう片側も同様にして中骨の両側の身をはがす。尻尾に近い骨の下に指を入れ、骨を持ち上げて身を離し、尻尾の近くで折って外す。背ビレも取っておく。

フィリングを巻き込み、いわしを焼く。

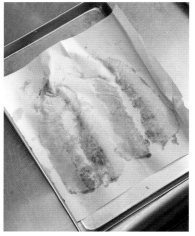

04 3のいわしの両面に魚用の塩を振り、皮目にペーパータオルをかぶせて、上がってきた余分な水分を取る。いわしは身が柔らかいので、身側にはかぶせなくてよい。

05 ボウルにAを混ぜ合わせてフィリングを作っておく。

06 いわしは4のペーパータオルをはがして、身側を上に、尻尾を奥にして置き、5のフィリングの半量をのせる。手前は少し少なめにのせる。

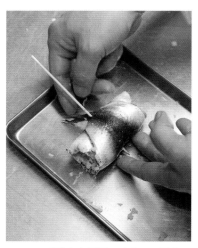

07 手前から尻尾に向かって巻き、巻き終わりに尻尾の皮側から竹串を刺し、下まで通す。もう1尾で残りのフィリングを同様に巻く。

08 フライパンにオリーブオイル小さじ2を入れて中火にかけ、7のいわしを入れる。フライパンが温まってきたら、いわしをコロコロと回しながら、まんべんなく焼く。

09 火の通りが早いので、全体に焼き色がついたらいったん取り出す。残った油には魚のくさみなどが出て汚れているのでフライパンを洗う。

ソースを作る

10 きれいなフライパンにオリーブオイル 25ml を入れて弱火にかけ、にんにくを入れる。ざっと炒めて香りが立ったら玉ねぎを入れて混ぜ、塩ひとつまみを振って炒める。玉ねぎが透き通ってしんなりとしたらトマトを入れ、潰しながら炒め、塩適量を入れて味を決める。

11 パプリカとズッキーニ、オレガノを入れ、ざっと混ぜて軽く火を入れる。

12 いわしを戻し入れる。白ワインと分量の水を加える。

13 蓋をし、沸いたら1分ほど加熱する。蓋を外してブラックオリーブを加え、なじませる。

盛り付け

器に13のソースを盛って、いわしをのせる。アーモンドを散らし、E.V.オリーブオイルを回しかける。

Bouillabaisse

ブイヤベース

新鮮な魚介類が手に入ったら、ぜひチャレンジしてほしいので、絶対おいしくできるレシピにしました。まず野菜を炒めたベースで魚介類をマリネすることで旨味の素を作り、それを酒と水で引きのばします。風味と奥行きを出すために、通常は入れないコニャックを使うのもポイント。魚介はカサゴやホウボウを使うとおいしいですが、青魚以外であれば手に入るものでよいですし、ムール貝もはまぐりやあさりなどに替えてもよいでしょう。魚介類には火を入れすぎないように注意して。にんにくの効いたアイヨリソースはブイヤベースには必須。たっぷりと添えて南仏の味わいを楽しんでください。

直径 25cm の
フッ素樹脂加工フライパン

【材料】(2人分)

魚 (ホウボウ、クロソイ、カサゴなど)
　……小型のもの 3 尾
塩 (魚用) ……魚の重量の 0.6%
ムール貝 (殻付き) ……8 個
帆立 (貝柱) ……4 個
才巻海老 (殻付き) ……4 尾
にんにく (スライス) ……1 片分

A ┌ 玉ねぎ (スライス) ……40g
　│ にんじん (せん切り) ……40g
　│ ポロねぎ (せん切り) ……40g
　│ フェンネル (白い根元をせん切り)
　└ 　……40g

トマト (1cm の角切り) ……150g
トマトペースト ……8g
サフランパウダー ……0.8g
カイエンヌペッパー ……少々
コニャック ……40ml
ペルノー ……大さじ 2
水 ……500ml
塩 ……適量
白胡椒 ……適量
オリーブオイル ……50ml

アイヨリソース (p.143) ……適量
メルバトースト ……適量

＊トマトは皮を湯むきして種を取ってから角
切りにする。
＊ペルノーはニガヨモギ、アニスなどの薬草
を用いたリキュール。
＊メルバトーストはバゲットを薄切りにして
トーストしたもの。

01 　魚介類の下処理。魚はうろこ
を引いてヒレを切り取り、頭と
内臓を取り除いて魚用の塩を振る。
ムール貝はたわしでこすり洗いし、殻か
らはみ出ている足糸を引き抜き、海老
は背わたを抜いておく。
＊魚以外の海老や貝類には、塩は振らな
くてよいです。

02 　マリネ液を作る。フライパンに
オリーブオイルとにんにくを入
れて弱火にかけ、香りが立ってきたらA
の野菜を入れてざっと炒め、油が全体
に回ったら、塩ひとつまみと白胡椒
少々を振ってさらに炒める。
＊にんにくには焼き色をつけません。

03 　野菜がしんなりとしてきたらト
マトとトマトペーストを加え、
塩ひとつまみと白胡椒少々を振って炒
める。

04 　トマトを潰すようにして炒め合
わせる。トマトが煮崩れ、水分
がとんでほぼ半量になるまで煮詰める。

05 煮詰まったら、分量の水から100mlとサフランパウダーを少量の水（分量外）で溶いて加え、ひと煮立ちさせる。カイエンヌペッパーごく少量と塩少々でマリネ液の味を調える。
＊後から魚介や水が加わるので、ここではちょうどおいしく感じる塩加減に調えておきます。

06 5をバットなどの広めの容器にあけて、冷ます。
＊マリネ液は完全に冷ましてから魚介類にかけます。急ぐ場合は容器ごと氷水につけて。

07 下処理した1の魚介類と帆立を6の容器に入れ、マリネ液をまんべんなくかける。

08 ラップをかけて冷蔵庫で2時間ほどおき、マリネする。

09 マリネした魚介類から、ムール貝、帆立、海老を別皿に取り分け、残りの魚をフライパンに入れる。

10 魚の入ったフライパンにマリネ液を加える。
＊まず火の入りにくい大きなものから加熱して、時間差で仕上げます。

11 コニャック、ペルノー、水400mlを加えて強火にかけ、アルコールをとばす。

12 沸いたら蓋をして弱めの中火にし、20分ほど煮て魚に火を通す。

13 9で別皿に取り分けたムール貝、帆立、海老を入れて再度蓋をし、火を入れる。

14 ムール貝の口が開いたのを目安に火を止める。味をみて、足りなければ塩で調える。
＊そのときの貝類によって塩分の出方が違うので、最後に味をみて調えます。

盛り付け

魚は骨を外してフィレにし、海老は殻をむいて、ほかの具や漉したスープとともに深めの皿に盛る。アイヨリソース、メルバトーストを別に添える。

南仏のレストランなどでは大皿に魚介類を盛り込み、スープは別盛り。先にスープが
出され、その後魚介類がサーブされる。アイヨリソースの楽しみ方は人それぞれ。メルバ
トーストにのせてスープに浸したり、魚介につけたり、スープに溶かしながら食べる
など。いずれにしてもブイヤベースにアイヨリソースは欠かせない存在。

アイヨリソース

【材料】（作りやすい分量）

じゃがいも（メークイン）……1個（200g）
にんにく（すりおろす）……1片分
A サフランパウダー……少々
カイエンヌペッパー……少々
塩、白胡椒……各適量
卵黄……2個分
E.V. オリーブオイル……200ml

ブイヤベースのスープ
（漉して冷ましておく）……適量
レモン果汁……少々

1 じゃがいもはゆでて皮をむき、熱いうちに裏漉しして冷ます。

2 ボウルに1のじゃがいもとAを入れ、ゴムべらでよく練り合わせたところへ卵黄を加え、ムラなく混ぜ合わせる。

3 E.V.オリーブオイルを少しずつ垂らしながらホイッパーで混ぜ込む（a）。オイルがすべて混ざったら、ブイヤベースのスープでなめらかにのばし（b）、レモン果汁を入れて味を引き締める。

Etuvée de crevettes et asperges blanches

才巻海老と
ホワイトアスパラガスのエチュベ

オレンジを果汁と果肉、皮に分けて使ったソースは、爽やかな甘さと酸味、ビター感など、さまざまな
表情を見せてくれます。このソース単体だと、デザートのように感じられるところへ、海老の殻の香ば
しさや、ホワイトアスパラガスのほろ苦い香りを溶け込ませると、前菜やアペロにぴったりのひと皿に。

144

直径 25cm のフッ素樹脂加工フライパン

【材料】(2 人分)
才巻海老（殻付き）……4 尾
ホワイトアスパラガス……2 本
オレンジ……1 個
白ワイン……大さじ 2
バター……20g
レモン果汁……少々
塩……適量
ルッコラ……適量

＊バターは角切りにして冷蔵庫で冷やしておく。

01 オレンジは1個を縦半分に切り、半分は果汁を搾り、もう半分は房から果肉を取り出す。皮の1/4個分はすりおろす。

02 海老は背わたを抜き、腹側を上にして置いたら、竹串を尻尾のほうから殻に沿って刺し込む。

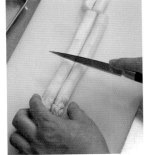

03 ホワイトアスパラガスは皮をむいて根元の硬いところを落とし、半分の長さに切る。

04 フライパンにホワイトアスパラガスを並べて強めの弱火にかける。塩少々を振ってじっくりと加熱し、うっすらと焼き色がついたらひっくり返す。途中、ホワイトアスパラガスを端に寄せて空いたところに海老を並べ、殻が香ばしくなる程度に両面をサッと焼いたら、いったん取り出す。

05 ホワイトアスパラガスの全体に薄く焼き色がついたら、白ワインとオレンジの皮を入れる。全体をなじませ、アルコールがとんだらオレンジ果汁を入れ、塩少々で味を調える。

06 フライパンに海老を戻し入れる。蓋をして1分～1分半ほど加熱したら、海老とホワイトアスパラガスを取り出す。

07 フライパンのソースにオレンジの果肉を入れてひと煮立ちさせたら、バターを加えてフライパンをゆすって溶かし込む。レモン果汁を5～6滴加えて火を止める。

盛り付け

海老は眼を外し、足は残したまま殻をむいて串を抜く。器に海老とホワイトアスパラガスを盛ってソースをかけ、ルッコラを散らす。

Crevettes sautées aux fruits de la passion

小海老のソテと
パッションフルーツ

海老は殻ごと火入れすることで、香ばしい風味を与えてくれます。焼いた後にフ
ライパンに残ったオイルをすくってみると、うっすらと赤く染まっているはず。殻
の香りがしっかりと出た証拠なのです。この香ばしくプリッとソテーした海老に、
パッションフルーツとマンゴーのトロピカルな酸味と甘み、セロリの清涼感、白胡
麻のアクセントを添えて、軽やかなひと皿に仕立てました。

直径 25cm の
フッ素樹脂加工フライパン

【材料】（作りやすい分量）

海老（殻付き）……小 12 尾
白ワイン……小さじ 2
オリーブオイル……大さじ 1
塩……適量
パッションフルーツ……1 個

A
> オレンジジュース……小さじ 2
> サフランパウダー……ひとつまみ
> 塩……少々
> オリーブオイル……40ml

マンゴー（スライス）……適量
セロリ（せん切り）……適量
炒り胡麻（白）……適量

＊海老はバナメイ海老を使用。背わたが残っていたら取る。
＊セロリは、あればホワイトセロリが望ましい。せん切りにして水にさらしてから水けをきっておく。

01 パッションフルーツを半分に切ってスプーンで果肉をボウルにかき出す。

02 1のボウルにAを加えてホイッパーでかき混ぜ、ドレッシングを作る。ホイッパーに付着した繊維は口当たりがよくないので取り除く。

03 海老は殻の上から両面に薄く塩を振る。

04 フライパンにオリーブオイルを入れて強めの中火にかけ、海老を入れる。殻の色が変わり、香ばしくなったらひっくり返してすぐに火を弱め、白ワインを入れて蓋をする。

05 フライパンの中にこもった白い蒸気が消え、中身が透けて見えてきたら火を止め、海老を取り出す。

06 殻の風味は出きっているので、粗熱がとれたら殻を外す。

盛り付け

器にセルクル型を置いてマンゴーのスライスを敷き詰め、海老を並べて2のドレッシングを回しかける。炒り胡麻を振り、セロリのせん切りをのせてセルクル型を外す。

"Sanma" et pommes de terre confites
aux herbes et au citron

さんまとじゃがいもの
ハーブオイル煮 レモン風味

以前、ブラッスリーでシェフをしていた頃、北海道産の生ししゃもをオイルでコンフィにしていたのを、
さんまでアレンジしました。ハーブやレモンの風味を添え、しっとりと火の入ったさんまはもちろん、旨
味を吸ったじゃがいもがまた、おいしいのです。ブラックオリーブとチーズは、旨味と塩気をプラスす
る名脇役。周りはカリッと、中はとろとろになったチーズだけでも、お酒が進みます。

直径18cmのフッ素樹脂加工フライパン
または鉄製フライパン

【材料】(2人分)

さんま……1尾
塩（魚用）……魚の重量の0.5%
じゃがいも（メークイン）……100g
A にんにく（皮をむいて軽く潰す）……1片
タイム……2枝
ローズマリー……1枝
レモン（厚めの輪切り）……2枚
ブラックオリーブ（種抜き）……6個
ハード系チーズ（かたまり）……20g

塩……適量
オリーブオイル……120ml目安
パセリ（みじん切り）……適量
バゲット……適量

*ハード系チーズはグラナ・パダーノを使用。パルミジャーノでもよい。

01 さんまはうろこを引き、エラより少しだけ腹寄りのところから頭を切り落とす。尻尾も切り落とし、胴を3等分にする。

02 じゃがいもは皮をむいて厚めの輪切りにする。

03 さんまに魚用の塩を振り、じゃがいもとともにフライパンに重ならないようにして入れ、Aをのせる。オリーブオイルをひたひた程度に注いで塩ひとつまみを振り、強めの弱火にかける。蓋はしなくてよい。

04 10〜15分ほど経つと、さんまの内臓が出てくるなど徐々に油が汚れ始めるので、そのタイミングでさんまだけをひっくり返す。

05 ブラックオリーブを入れ、チーズも手で割り入れて、さらに6〜10分ほど加熱し、じゃがいもに串がスッと通るようになったら火を止める。風味のついたオイルもバゲットにつけておいしく食べられるので、汚れが目立つようならペーパーで漉す。

盛り付け

適量のオイルとともに器に盛ってパセリを振り、軽くトーストしたバゲットを添える。

Maquereau au vin blanc

さばの白ワイン煮

フランスではとてもポピュラーな家庭料理です。少しくせのあるさばの味わいを、すっきりと清涼感のある野菜やハーブと、白ワインのフレッシュ感が包み込んで、さばの新しいおいしさに気づかされますよ。鶏のブイヨンを少し加えて、味に奥行きを出すところもポイント。そのままですっきりと楽しむのもよし、おいしいオリーブオイルを回しかけるのもおすすめです。

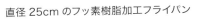

直径25cmのフッ素樹脂加工フライパン

【材料】(2人分)

さば(切り身)……2枚(1枚80g見当)
塩(魚用)……魚の重量の0.8%

A {
にんにく(みじん切り)……1/2片分
玉ねぎ(スライス)……100g
セロリ(スライス)……20g
塩……ひとつまみ
水……300ml
}

B {
タイム……2枚
クローブ……2粒
コリアンダーシード……10粒
}

白ワイン……300ml

鶏のブイヨン……150ml
レモン(厚めの輪切り)……2枚
塩……適量
フレーク塩(ミネラル分の強いもの)
　……適量

＊白ワインはミュスカが最適だが、辛口のものであればよい。
＊鶏のブイヨンは市販のものでも可。なるべく食塩等無添加のものを。
＊フレーク塩がなければ普段使う塩でよい。

01 さばは魚用の塩を振ってペーパータオルで包み、使うまで冷蔵庫に置いて余分な水分を抜く。

02 フライパンにAを入れて中火にかけ、沸いたらBのハーブやスパイスを加えて塩ひとつまみを入れる。
＊野菜のだしをとるようにして、静かに沸くくらいの火加減で野菜に火を通します。

03 少し食感を残しながら、ほぼ火が通ったところで白ワインを入れて火を強める。沸かしてアルコールがとんだら、鶏のブイヨンとレモンを入れる。ひと煮立ちさせたらアクを取る。

04 一度火を止め、1のさばを皮目を上にして入れる。

05 ごく弱火にかけて蓋をし、沸騰させないようにしてゆっくりと加熱する。さばの身が大きく割れそうになったら、火が通っているので火を止めて取り出す。

06 さばの皮を引き、表面の血合いの部分にフレーク塩を振る。

07 さばの粗熱がとれたら、乾かないようにラップをかけて冷蔵庫で冷やす。フライパンの煮汁も、粗熱がとれたら容器に移し、冷蔵庫で冷やしておく。
＊このとき野菜と煮汁を分けておくと、盛り付けしやすい。

盛り付け

器に野菜を盛って、さばをのせ、煮汁を適量かける。レモンとタイムを添える。

海老ピラフ

海老の旨味がしみ込んだ米は、一粒一粒が立ってぱらりとしながらも、しっとり
した口当たり。昔懐かしい、日本の洋食風に仕上げました。フレンチにもピラフ
はありますが、付け合わせの位置づけなので、もっと水分が多くて柔らかいの
です。フランスで働いていた頃、日本風のバターライスを炊いたら「硬い！」と
言われたことを思い出します。

直径 25cm の
フッ素樹脂加工フライパン

【材料】(作りやすい分量)

むき海老……100g
A| 玉ねぎ(みじん切り)……40g
  | にんじん(みじん切り)……40g
  | パプリカ(赤、みじん切り)……20g
米(洗わない)……1合(180g)
白ワイン……大さじ1
鶏のブイヨン……200ml
ローリエ……1枚
塩……適量

バター……15g
オリーブオイル……小さじ2
パセリ(みじん切り)……適量

＊鶏のブイヨンは市販のものでも可。なるべく食塩等無添加のものを。もしくは水でもよい。

01 フライパンにオリーブオイルを入れて中火にかけ、Aを入れる。塩ひとつまみを振って炒め、野菜がしんなりとして火が通ったら米を入れ、野菜と同じ温度に熱くなるまで炒める。

02 1に白ワインを入れてざっと混ぜ、鶏のブイヨンを注ぐ。

03 ローリエをちぎって入れ、全体をなじませる。米とブイヨンの分の塩ふたつまみを振り、味をみて調整する。後で入れる海老の分も考え、塩は少し強めにしておくとよい。

04 ときどき大きく混ぜながら、米に味を含ませるように加熱していくと、ゆるいおじや状になってくる。

05 海老を加える。ざっと混ぜてなじませたら、バターをちぎって散らす。

06 蓋をして弱火で12分炊く。バターが入り、焦げやすいので、蓋をしたままときどきゆするとよい。

07 12分後、火を止めて蓋を外し、へらで全体を返す。

08 再度蓋をして約5分蒸らす。ローリエを取り除いて器に盛り、パセリを振る。

|Chapitre 7|Légumes|
野菜

野菜料理の鍵は水分のコントロール。
塩で、加熱で、
野菜のみずみずしさを損なわずに脱水させる。
濃縮させると、野菜が持っている甘露な味わいが
際立ち、旨味の強い魚介などと
合わせても負けない力強さを発揮。
野菜の力ってすごいな、と、つくづく感じてしまいます。
ラタトゥイユなど野菜同士の相乗効果を発揮する煮込み料理から、
シンプルな付け合わせ料理だけれど、スパイスやハーブでぐっと
格上げできて、一品料理としても楽しめるものなど、
フライパンで作ることを前提にした野菜レシピをどうぞ。
（p.234～239でも付け合わせの野菜料理を紹介していますので
参考にしてください）

Légumes variés sautés

野菜のソテ

野菜のソテは、塩を振らずに、ごく弱火でゆっくりじわじわと加熱することにより、カラカラに乾いてしまうこともなく汗をかくように野菜自らが水分を出してくる。こうして野菜の味を濃縮させ、塩は、その潤んだ表面に振ることでなじませる感覚です。オイルは仕上げに使うだけなので、油っぽくはなりません。なたね油を使いましたが、オリーブオイルやナッツ系オイルなど、お好みで。料理の基本のキですが、数種の野菜を組み合わせるときの切り方や火を入れる順番も経験してみると身につくので、ぜひ。仕上げに生ハムを合わせれば、ご馳走にもなります。▶作り方はp.156参照。

野菜のソテ

直径 25cm の
フッ素樹脂加工フライパン

【材料】(2 人分)
葉玉ねぎ……1 本
にんじん (厚さ7㎜の輪切り)……4 枚
かぼちゃ (厚さ 1.5cmのいちょう切り)……4 枚
長芋 (厚さ1cmの輪切り)………4 枚
かぶ……1 個
グリーンアスパラガス……2 本
レモン (厚さ5㎜の輪切り)……2 枚
なたね油……適量
塩……適量

野菜の下準備

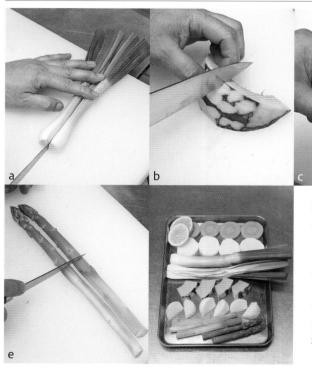

葉玉ねぎは根と葉を少し切り落として縦半分に切り、根元
の太い部分に切り込みを入れる (a)。かぼちゃは皮をとこ
ろどころむいてからいちょう切りにする (b)。かぶは4つ割り
にし、お尻のほうからナイフを入れ、皮の下の繊維ごと皮を
むく (c)。グリーンアスパラガスは、はかまを取り、下半分は
ピーラーで皮をむく。ピーラーが引っかかる部分から下は硬
いので切り落とし (d)、長さを半分に切る (e)。にんじん、
長いもは皮をむき輪切りに、レモンも輪切りにして、あれば
種を取る。

03 後から入れた野菜の表面にも水分が上がって、つやっとしてきたら、長芋と葉玉ねぎも入れる。最後に入れた野菜からも水分が上がってきたら、ここではじめて、野菜の一つひとつに塩を振る。

01 フライパンに油を引かずに、かぼちゃ、にんじんを並べて弱火にかける。

02 1の野菜の表面にうっすらと水分が上がってきたら、かぶ、グリーンアスパラガスを入れる。

04 塩が野菜の水分で溶け、なじんできたら順に裏返し、もう片面にも塩を振る。野菜は乾くことなく、キュッと締まっている。

05 すべての野菜にほぼ火が通ったら、レモンを入れて一緒に焼く。焼くことで甘みを引き出す。

06 仕上げにオイルを回しかける。好みのものでよいが、ここではなたね油を使用。

07 フライパンを振って全体に絡ませる。

08 いったんバットなどに取り出してから、彩りを考えて器に盛り付ける。

なたね油を使ったが、くせのないオイルならグレープシードオイル、また逆にオイル自体に個性のあるE.V.オリーブオイルやピーナッツオイル、ノワゼットオイルもおすすめ。

ラタトゥイユ

野菜それぞれをオリーブオイル、塩、タイムでしっかりと味を決めながら炒め、その旨味を溶け込ませたベースのトマトソースを作ります。ここが肝どころで、最後にすべてを合わせることで、くたくたの煮物にならず、野菜の輪郭がくっきりと立ったラタトゥイユに。作り方は十人十色のラタトゥイユですが、私の方法は、こうです。そのままでももちろん、生ハムとポーチドエッグを添えれば、おもてなしの一品に。冷蔵庫で冷やしてもおいしいので、たっぷり作っておくと重宝しますよ。▶作り方は p.160 参照

ラタトゥイユ

直径25cmの
フッ素樹脂加工フライパン

【材料】(作りやすい分量)
なす……大1/2本（80g）
ズッキーニ……大1/2本（80g）
パプリカ（赤、黄）……各1/2個（100g）
玉ねぎ……中1/2個（80g）
トマト……中1/2個（150g）
にんにく……1片
タイム……4枝
オレガノ（ドライ）……ひとつまみ強
塩……適量

オリーブオイル……65ml
生ハム、ポーチドエッグ……各適量

＊トマトはミニトマト3〜4個を使用してもよい。

01 なすとズッキーニ、パプリカは小さめの乱切りに、玉ねぎとにんにくはみじん切りにする。トマトは皮を湯むきして種を取り、1cm角に切る。

02 フライパンにオリーブオイル35mlを入れて中火にかけ、ズッキーニを入れて全体に油を回す。

03 フライパンが熱くなったら、なすを入れて全体に油を回し、塩をしっかりめに振ってタイム2枚を入れる。
＊先になすを入れると油を吸ってしまうので、まずズッキーニに油を絡めてから、なすを入れます。タイムは野菜1種に1枝が目安。

04 なすが色づくまでよく炒め、火が通ったらズッキーニとなすをざるにあけて油をきる。
＊ざるはボウルに重ねてセットします。

05 空いたフライパンにオリーブオイル20mlを入れて中火にかけ、2色のパプリカ、塩、タイム2枝を入れる。パプリカから出てくる水分を絡めるようにして炒める。

06 パプリカにうっすらと焼き色がつき、火が通ったら、4のざるにあける。

07 ざるに重ねたボウルに落ちた油と野菜のジュース。これは9で使う。

08 空いたフライパンにオリーブオイル10mlを入れて弱火にかけ、にんにくと玉ねぎを一緒に入れて塩を振る。玉ねぎが透き通るまでしっかりと炒めたらトマトを入れて強火にし、へらで潰しながら水分を出すように炒め、塩を振る。

09 トマトが水分を出し切ったら、7のボウルに溜めた油と野菜のジュースをフライパンに戻し入れ、中火で全体になじませる。
＊野菜の香りがするトマトソースを作るイメージで。

10 ざるにあけておいた野菜をすべて9に戻し入れ、トマトソースを絡めるように混ぜ合わせる。仕上げにオレガノを振り、火を止めて余熱で香りを絡ませる。
＊粗熱がとれてなじんだ状態でも、冷蔵庫で冷やしても、どちらもおいしいです。

盛り付け

ラタトゥイユを器に盛り、生ハムとポーチドエッグを添える。ポーチドエッグには塩、黒胡椒（各分量外）を振り、ラタトゥイユに絡めながら食べる。

Carottes glacées au cumin

キャロットグラッセ
クミン風味

にんじんのグラッセは、砂糖で甘みをつけたものが多いのですが、今回のレシピは、
フランス料理の定番、キャロット・ヴィシーがベース。にんじん自体の甘さを生かし、
塩と水、バターだけで煮たところへ、クミンのエキゾチックな香りを添えています。輪切
りにするよりも縦に切るほうが煮崩れしにくいのと、にんじんの太さに応じて、等分にす
る数を変え、体積を同じくらいに揃えることで、火の通りのムラをなくすことができます。

直径18cmの
フッ素樹脂加工フライパン

【材料】(作りやすい分量)
にんじん……1本(180〜190g)
クミンシード……1g

A │ バター(角切り)……15g
  │ 塩……ふたつまみ
  │ 水……80ml

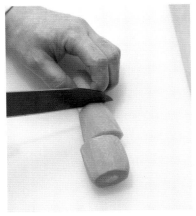

01 にんじんは皮をむいてへたを落とし、長さや太さを見ながら3等分くらいに分ける。

02 太い部分は縦に6つ割り、真ん中の部分は縦に4つ割り、先の細い部分は縦に半割りにし、太さと体積が同じくらいになるように揃える。

03 断面の尖ったところ(4つ割り、6つ割りの芯の部分)は煮崩れしやすいので切り落とす。半割りのものはそのままでよい。

04 フライパンに、にんじんとAを入れて弱火にかける。

05 沸いてきたら、バターが溶けた煮汁をスプーンで回しかけながら加熱していく。
＊油分だけが浮かないよう、バターと水分を乳化させながら火を入れ、水分がなくなって照りが出てきたときに、にんじんにもちょうど火が通っているのが理想。

06 余分な水分がとび、気泡が大きくなってきたら、クミンシードを入れてサッと加熱する。出来上がりは、バターと水分の衣をまとい、つやっとした状態。

Sauté de tomates à la vanille

トマトのソテ
バニラ風味

トマトのジューシーな味わいに、甘いバニラの香り、黒胡椒のキリッとした香味が重なります。トマトは水分のかたまり。弱火でぐずぐずと加熱すると煮崩れてしまうので、強めの火で素早く火を通して、みずみずしさを残して仕上げるのがポイントです。

直径 18cm の
フッ素樹脂加工フライパン

【材料】(作りやすい分量)
トマト……小 3 個 (1 個 40 〜 50g)　　エシャロット (みじん切り) ……15g
バニラビーンズ……1/2 本　　　　　　　エストラゴン (葉の粗みじん切り) ……1/3 枝分
水……大さじ 1　　　　　　　　　　　　E.V. オリーブオイル……小さじ 2
黒胡椒……適量
塩……適量
オリーブオイル……小さじ 1

01　バニラビーンズは縦に切り込みを入れてさやを開き、中の種を包丁でこそげ取る。残ったさやは半分に切って別にしておく。

02　1 のバニラビーンズの種を小さなボウルに入れ、分量の水で溶いて黒胡椒を振る。

03　トマトは上下を切り落としてすわりをよくし、横半分に切ってから、両面にしっかりめに塩を振る。

04　フライパンにオリーブオイルを入れて 3 のトマトの断面を下にして並べ、1 のバニラビーンズのさやを入れて、強めの中火にかける。トマトからにじんでくる水分を煮詰めるように焼き、断面にうっすらと焼き色がついたらひっくり返す。

05　4 に 2 のバニラビーンズと黒胡椒を溶いた水を入れ、焦がさないように水分をとばしたら火を止める。

06　器に盛り、エシャロットとエストラゴンを振り、E.V.オリーブオイルを回しかける。

Sauté de courgettes au romarin

ローズマリー香る
ズッキーニのソテ

ズッキーニのように少しアクのある野菜をソテーするときは、先に塩をしてアク抜きしてから多めの油で焼き、油にそのアクを逃してやるのがポイント。ローズマリーは最初から入れると焦げるので途中から。また、ズッキーニは焦げやすい種の部分を削っておくと、焼く面が3面から2面になって調理しやすいですよ。

166

直径 25cm の
フッ素樹脂加工フライパン

【材料】(作りやすい分量)
ズッキーニ……1 本 (180 〜 190g)
ローズマリー……1/3 枝
塩……適量
黒胡椒……適量
オリーブオイル……20ml

01　ズッキーニは3等分の長さに切ってから、それぞれを縦に4つ割りにし、種のあるフカフカしたワタを少し切り落とす。

02　ズッキーニの皮はアクがあるので強めに塩を振り、内側は薄めに塩を振る。

03　フライパンにオリーブオイルを入れ、ズッキーニの皮目を下にして並べ、強めの弱火にかける。最初は水分が出て音がするが、落ち着くまでそのまま焼く。皮の色素が出て油の色が緑がかってきたら火が通り始めている合図。焼き色がついていたら、ひっくり返してローズマリーを入れる。

04　ローズマリーの色合いが変わったら、ズッキーニの内側も同時に色づいているので、黒胡椒を振って絡める。油で揚げるような感覚で黒胡椒の香りを出し、火を止めて皿に盛る。
＊ズッキーニの内側はすぐに火が通るので、ローズマリーの色の変化を目安に。

Méli-mélo de champignons
à la vinaigrette

きのこのメリメロ
ヴィネグレットマリネ

きのこはおよそ90％が水分なので、半分程度のカサになるまで、強火で
水分をとばすように焼くと、べちゃべちゃにならず、味がキュッと凝縮します。
ヴィネガーとマスタードのキリッとした酸味がアクセント。冷蔵庫で2〜3
日はおいしく楽しめるので、常備菜にどうぞ。

直径 25cm の
フッ素樹脂加工フライパン

【材料】(作りやすい分量)

きのこ(マッシュルーム、椎茸、しめじ、舞茸)
　　——各1パック (合わせて380g)
白ワイン——40ml
白ワインヴィネガー——大さじ2
粒マスタード——5g
塩——適量

白胡椒——適量
オリーブオイル——25ml
パセリ (みじん切り)——適量

＊きのこの種類は好みでよいが、えのき茸など
水分が多いものは避ける。仕上がりがべ
ちゃっとなりやすい。

01　マッシュルーム、椎茸は石づき
を落として半分に切る。しめ
じ、舞茸は手でほぐす。

02　フライパンにオリーブオイルを入
れて、強火でしっかりと熱したと
ころへ、マッシュルームと椎茸を入れて
平らにする。まずは大きなきのこから
じっくりと焼く。

03　2のきのこに3割がた火が通
り、うっすらと焼き色がついてき
たら、しめじと舞茸を入れる。全体を炒
め合わせるうちに、油が絡まって艶が出
てくる。きのこからも水分が出て、全体
に回り始めたら、強めに塩を振る。

04　強火のまま、きのこから出る水
分を全体に絡め、とばしなが
ら、半分程度のカサに減らす。白ワイン
を回し入れ、一気に蒸発させて風味を
つける。

05　フライパンの底が乾いたら白ワ
インヴィネガーを入れて弱火に
し、ヴィネガーのツンとした酸味をとばす
ように炒める。途中、まだ水分があるう
ちに粒マスタードも入れて全体に絡め、
仕上げに白胡椒を振る。

06　そのまま作りたてを食べても、
バットにあけて冷蔵庫で冷やし
てもよい。供するときはパセリを振る。
＊冷製にすると香りがとぶパセリは、器に盛
り付けてから振ってフレッシュな風味をプラ
スします。

温製ポテトサラダ
アンチョビ風味

じゃがいもをゴロッとしたまま味わう、温製サラダ。小さめのフライパンにきっちり並べて蓋をし、
じゃがいも自身の水分をたっぷりと溜めて蒸し上げるのがコツ。塩は控えめに、アンチョビで
味つけをするイメージで作ってください。アンチョビの熟れた塩気に合わせて、仕上げにハー
ド系のチーズを削り、レモンの皮で爽やかさを添えます。

直径18cmの
フッ素樹脂加工フライパン

【材料】(作りやすい分量)
じゃがいも (メークイン) ……小3個 (1個60〜80g)
にんにく (皮付きのまま潰す) ……2片
タイム……1枝
アンチョビ (フィレ) ……2枚
塩……適量
オリーブオイル……20ml

レモンの皮 (すりおろす) ……適量
ハード系チーズ (コンテ、パルミジャーノなど。かたまり) ……適量

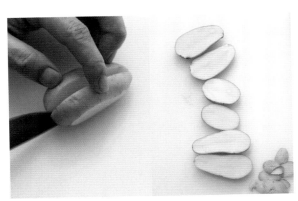

02 フライパンにオリーブオイル10mlを入れて、じゃがいもの広い方の断面を下にして並べる。上ににんにくと、タイムをちぎってのせ、軽く塩を振る。蓋をして弱火にかけ、しばらく蒸し焼きにする。

01 じゃがいもは、すわりがよいように側面の両端を少し切り落としてから、縦半分に切る。

03 にんにくとタイムはじゃがいもからおろし、じゃがいもの断面にしっかりと焼き色がついたらひっくり返す。

04 全体に軽く塩を振ったら、アンチョビを小さくちぎってじゃがいもの上にのせる。オリーブオイルの残りを回しかけて、温度を下げる。

05 再度、蓋をして弱火で蒸し焼きにする。

06 じゃがいもに串を刺し、火が通っていたら完成。皿に盛ってレモンの皮のすりおろしを振り、チーズを薄く削って散らす。

Crêpes de pommes de terre
au saumon fumé

じゃがいもと
サーモンのクレープ

じゃがいものしっとりとした食感と甘みに、スモークサーモンの香りと塩気が
程よいアクセント。フレンチでは付け合わせに使う料理ですが、ブランチな
どで気軽に楽しむのもよし、ソースを添えれば、ちょっと気取ったひと皿に
なりますよ。きれいに焼こうとせず、焼き色をまだらに仕上げるのが、また
おいしいのです。

直径 25cm の
フッ素樹脂加工フライパン

【材料】(8 枚分)

じゃがいも……250g（正味 180g）　　スモークサーモン（スライス）
薄力粉……7.5g　　　　　　　　　　　……4 枚（1 枚 15g）
コーンスターチ……7.5g　　　　　　澄ましバター（または植物油）……適量
卵……1 個　　　　　　　　　　　　ブールブランソース（p.228 参照）……適量
塩……2g
牛乳……大さじ 1　　　　　　　　　＊澄ましバターは、溶かしバターを静置し、沈殿物
生クリーム（乳脂肪分 43%）……大さじ 1　が沈んだ後の上澄みを使う。1 回焼くのに小さじ 1
　　　　　　　　　　　　　　　　　を使用。

01 じゃがいもは丸ごとゆでて皮をむき、熱いうちに裏漉しして正味180gをボウルに入れる。

02 1が冷めてから、薄力粉とコーンスターチを入れ、グルテンが出ないようざっくりと混ぜる。さらに卵と塩を加えてざっくりと混ぜる。

03 2に牛乳、生クリームを加えてホイッパーでよく混ぜ合わせる。リボン状より少しゆるめの状態がよいので、生地が硬いようなら牛乳か生クリームで調整し、ラップをして冷蔵庫で1時間ほど休ませる。

04 スモークサーモンは1枚を4等分に切り、2枚ずつ重ねる。同じものを8セット準備する。

05 フライパンを弱火にかけ、軽く温まったら澄ましバター小さじ1を入れる。休ませておいた 3 の生地を直径7cm程度の大きさに丸く流し、それぞれに4のスモークサーモンを1セットずつのせる。
＊生地は一度にたくさん焼かず、フライパンの大きさに応じて2〜3枚ずつ余裕をもって焼きます。

06 生地がフライパンの上を滑るようになれば、ほぼ焼けている。生地の周りの油の気泡が小さくなり、表面が乾いてきたのを目安にひっくり返す。もう片面は軽く焼き、うっすらと焼き色がつけば完成。残りの生地も同様に焼く。

盛り付け

皿に温めたブールブランソースを敷き、クレープをのせる。

|Chapitre 8|Dessert|

デザート

レストランのデザートは本来パティシエの領域ですが、
クレープシュゼットは別格で、ホールの
ギャルソン（給仕役）が銅のフライパンをワゴンで運び
お客様の目の前で仕上げていくスタイル。
フランベの炎が見せ場で、ホテルやグランドメゾンでは
名物デザートとして今も作り続けています。
フランベの見せ場といえば、チェリージュビレも
季節限定ですが人気のクラシック・デザート。
温かいさくらんぼのシロップ煮を
冷たいアイスクリームにかけてサーブします。
キャラメル煮のいちじくも同じように楽しめます。
いずれもお酒の効いた大人のデザート。そして
フライパンが活躍してくれるレシピです。

Crêpes Suzette à l'orange

オレンジのクレープシュゼット

▶作り方は p.176 参照

オレンジのクレープシュゼット

クレープにオレンジと3種のお酒の風味をたっぷりとまとわせた、贅沢なデザート。クレープの生地には好みでバニラビーンズを加えてもいいでしょう。生地は少しもっちりと仕上がる配合なので、ソースの中で煮立ててもぐずぐずになりません。熱々にバニラアイスクリームを添えてもおいしいですよ。クレープはぜひ、しっかりと油がなじんだ鉄のフライパンで焼いてください。余分な油を使わずに生地がきれいに焼けて、はがれやすい。その威力を実感できると思います。

直径26cmの鉄製フライパン

クレープ生地
【材料】(25枚分)

　　┌ 薄力粉……180g
　A │ 塩……ひとつまみ
　　└ グラニュー糖……60g
　牛乳……450ml
　卵……4個
　焦がしバター……125g
　澄ましバター……小さじ1

＊澄ましバターは分量より多めのバターを鍋か電子レンジで溶かしてから静置し、沈殿物を入れないよう上澄みの部分を取り分けて使う。

焦がしバターを作る

出来上がりの分量より少し多めのバターを角切りにし、小フライパンに入れて火にかけ（a）、濃い茶色になるまでしっかり焦がしてからざるで漉し（b）、そのまま冷ます。急いでいるときは器ごと氷水につけて冷ます（c）。

クレープ生地を作って焼く

01 Aを合わせてボウルにふるい入れたところへ牛乳を混ぜ、卵を溶きほぐしてから加え、よく混ぜる。焦がしバターを加えてよく混ぜる。

02 1をざるで漉してから冷蔵庫で1時間ほど休ませる。

03 生地は長時間冷やしすぎると焦がしバターが固まるので注意する。

04 　鉄のフライパンを弱火にかけて澄ましバターを入れて全体になじませ、余分なバターは捨てる。

05 　煙が出ない程度に温まったら、休ませておいた生地をレードル1杯分注ぎ入れ、全体に薄く広げる。生地を流した瞬間、小さくジューと聞こえるくらいの火加減がベスト。

06 　生地の縁に焼き色がついたら、細長いパレットナイフを生地の上で横にして持ち、フライパンを手前にトンッと返す。

07 　生地がはがれてパレットナイフにかかるので、そのまま生地を裏返す。

08 　裏側はサッと焼く程度に。

09 　6〜7と同様に生地をパレットナイフで受け、皿に取り出す。こうすると生地を触りすぎず、破れることもない。

10 　フライパンに油がなじんでいれば、2枚目以降は澄ましバターを入れなくてよい。
＊何枚か焼くうちにフライパンが熱くなりすぎたら、濡れ布巾の上にのせて温度を下げます。

11 　焼いた生地は、間にラップを挟みながら重ねる。
＊そのまま冷凍保存も可能。食べる分だけ自然解凍して使えます。

オレンジのクレープシュゼット

直径 25cm の
フッ素樹脂加工フライパン

クレープシュゼット
【材料】(2 枚分)
クレープ……2 枚(p.176 ～ 177 参照)
オレンジ(果肉)……1/2 個分
グラニュー糖……10g
バター(角切り)……10g
レモン果汁……1/2 個分
オレンジジュース……45ml

A| レモンピール(3cm程度)……1 枚
 | オレンジピール(3cm程度)……1 枚

B| コアントロー……10ml
 | グランマルニエ……10ml

コニャック……20ml

クレープシュゼットを仕上げる

01 フッ素樹脂加工のフライパンにグラニュー糖を入れて弱火にかけ、しっかりと焦がしてカラメルを作ったところへ、バターを入れる。

02 バターが溶けてカラメルとなじんだら、レモン果汁を入れて酸味を加える。

03 オレンジジュースを入れてのばし、ひと煮立ちさせたところへ香りづけのAを入れてなじませ、Bを入れて風味を引き締める。

04 クレープ1枚を半分にたたんで3のフライパンに入れる。

05 クレープの上からスプーンでソースをかけてなじませる。

06 クレープをさらに半分にたたむ。

07 フライパンの空いたところへ半分にたたんだクレープをもう1枚入れる。

08 5～6と同様にソースをなじませて、さらに半分にたたむ。

09 オレンジの果肉を加え、ソースをかけながら全体に含ませるようにしてしばらく加熱する。

10 煮詰まって濃度がついてきつつも、まだ少しソースに余裕があるくらいになったら、フライパンを傾け、空いたところを乾かすようにする。
＊ソースが鍋底でカラメリゼされ、香ばしくなる効果をねらいます。

11 コニャックを入れてフランベし、火を止める。皿にクレープを盛ってソースをかけ、オレンジの果肉を添える。
＊フランベは炎を入れてアルコールを燃やすこと。難しい場合はコニャックを少しずつ加えながらアルコールをとばします。

| Cerises jubilé

チェリージュビレ

英国ヴィクトリア女王の即位50周年祝賀会で、フランスの偉大な料理人エスコフィエが献上したという由緒あるデザートです。これには大粒でしっかりとしたアメリカンチェリーが最適。種に香りがあるので抜かずに作ります。そのほうが煮崩れせず、ぷっくりとおいしそうに仕上がりますよ。ジャムなどの力を借りずに、アルコールを煮詰めて甘みと照りを出すのもポイントです。

直径 18cm の
フッ素樹脂加工フライパン

【材料】(2 人分)

アメリカンチェリー……24 粒　　キルシュ……30ml
グラニュー糖……25g　　　　　　バニラアイスクリーム……適量
バター（角切り）……25g
レモン果汁……1 個分　　　　　　＊ルビーポートはポルトガル産の酒精強化ワイン。
ルビーポート……40ml　　　　　　＊キルシュはさくらんぼから造られる蒸留酒。
赤ワイン……20ml

01　フライパンにグラニュー糖を入れて弱火にかけ、しっかりと焦がしてカラメルを作ったところへ、バターを入れる。

02　バターが溶けてカラメルとなじんだら、レモン果汁を入れて酸味を加え、全体になじませる。レモンは皮ごと直接搾ると皮の香りがつく。

03　アメリカンチェリーを入れる。
＊アメリカンチェリーは軸を取り、種は抜かずに入れます。

04　アメリカンチェリーに煮汁を絡ませたらルビーポートを入れて煮立てる。煮詰まって甘みが濃縮したところで赤ワインを加えて、しばらく煮立てる。

05　チェリーがぷっくりと膨らんできたら、中まで火が通ってきた合図。アルコールがとんで汁が煮詰まり、艶が出てきたらフライパンを前後に傾け、空いたところの水分をとばしてカラメリゼさせる。

06　泡立ちが細かくなり、全体に艶が出て濁りがなくなったらキルシュを入れてフランベし、火を止める。器にバニラアイスクリームを盛り、チェリーを煮汁ごとかける。
＊フランベが難しい場合はキルシュを少しずつ入れながらアルコールをとばします。

| Figues flambées au cacao

いちじくのフランベ
カカオ風味

グラニュー糖をカラメリゼし、バターとレモン果汁を加える流れは、前出の
2品と同じですが、この後にカカオのリキュールをたっぷりと入れ、いちじ
くに含ませるようにじっくり火入れします。カカオに合う生クリームとコ
ニャックも使い、濃厚でリッチな味わい。でも、カラメリゼの香ばしさとレ
モンの酸味で、甘ったるくはなりません。

直径 25cm の
フッ素樹脂加工フライパン

【材料】(4 人分)

いちじく……4 個
グラニュー糖……30g
バター（角切り）……40g
レモン果汁……1 個分
クレーム・ド・カカオ（カカオリキュール）……70ml

生クリーム（乳脂肪分 43%）……30ml
コニャック……30ml
バニラアイスクリーム……適量

01 いちじくはへたを落とし、断面に浅く十字の切り込みを入れる。お尻側の中心も包丁の先で浅くくりぬく。

02 フライパンにグラニュー糖を入れて弱火にかけ、しっかりと焦がしてカラメルを作る。

03 2 にバターを入れる。バターの量が多めなので、全体がなじんだら軽く煮立てて余分な水分をとばす。

04 レモン果汁を入れて酸味を加える。

05 いちじくの断面を上にして入れ、クレーム・ド・カカオを注ぐ。煮立ったらソースをスプーンですくっていちじくの断面にかけ、スプーンの背で断面を押しながら火を入れていく。

06 柔らかくなってきたら、いちじくをひっくり返し、お尻側のくりぬいたところにもソースを流し込むようにかけながら火を入れる。途中で煮詰まりすぎたら、20% の砂糖を溶かした水（分量外）を適量足すとよい。

07 生クリームを入れて全体になじませたら、いちじくをひっくり返して、断面にソースをかける。

08 フライパンを前後に傾けながら艶を出したら、コニャックを入れてフランベし、火を止める。いちじくとソースを器に盛り、バニラアイスクリームをのせる。
＊フランベが難しい場合は、コニャックを少しずつ入れてアルコールをとばします。

Leçon **2**

フランス料理の
扉の前にいるあなたに

基本のレシピと
テクニック

Les techniques de base de la cuisine française

レッスン1では、
わが家で作れるレシピに徹することを第一に考えて、調理道具のハードルを低くして、
オーブンを使わない、フライパンひとつで作る、を条件にしてお教えしました。
今すぐ料理を作りたい、と逸る気持ちをエンジンにして調理の面白さをまず体験していただきたい、
そして家族や友人に食べてもらって喜ばれる……、そんなおいしい成功体験が、
やがてあなたをもっと料理のレパートリーを広げたい気持ちに駆り立てていくことでしょう。

このレッスン2では、
基本に立ち返ったレシピとテクニックをお教えしたいと思います。
レッスン1では扱わなかった卵料理、
そしてフランス料理の背骨となるソース作りを体験してもらおうと考えました。
「ソースは難しいですよね」という声が聞こえてきそうです。
確かにそれは真実ですが、ソースの入り口はドレッシング、ヴィネグレットなんです。
ヴィネグレットはヴァリエーションも豊富です。そしてバターもソースになるのです。
覚えておくとご自分のレシピがどんどん広がっていきますよ。
本書では調理工程を細かくお見せしながら進行しますが、
調理の工程にはすべて理由があることにきっとお気づきになると思います。
「丁寧に」「しっかり準備する」。これが私がいつも心がけていることです。
ですので、調理工程が一見、面倒に見えてもどうか一度その通りに作ってみてください。
きっとおいしい理由が発見できると思います。その上でアレンジを加えていって
あなたの料理スタイルができたら、なにより嬉しく思います。

Chapitre 1 | Œuf |

卵

卵の固まる力、膨らませる力。
変幻自在なその性質を知れば、
料理がもっと楽しくなる

18歳で初めて勤めた職場は、大きなホテルの厨房でした。
洗い場からスタートしてしばらくし、調理をさせてもらえるようになると、
コーヒーショップの朝食で、卵料理を作る担当が順番に回ってきます。
目玉焼きは片面焼きか両面焼きか?
オムレツの卵の個数は?　ゆで卵の黄身の固さは?
宿泊客一人ひとりのリクエストに合わせて仕上げなくてはなりません。
担当する日の前は、一晩中、卵を割り、練習したものです。
オムレツはタイミングを会得するのに苦労しました。
でもそうして、同じ作業をひたすら繰り返していると、
それまで本で読んで頭では理解していたつもりだった、
黄身と白身がそれぞれ固まり始める温度やタイミングといった
卵のもつ性質を、自然と体で覚え、理解できるようになりました。
卵の性質を知ると、卵料理全般に生かせるようになります。
たとえば、ポシェは、冷蔵庫から出したての冷たい卵を使い、
熱湯との温度差があるほうが、キュッとしまってきれいに丸まりやすい。
スフレは、小麦粉や牛乳、バターと卵黄で作った濃厚なベースを、
卵白で作ったメレンゲの力が、ふんわりと軽やかに持ち上げてくれる。
ほかにも、生地がゆるいときに卵を入れたり、分離を抑える役目をしたり、
目に見えない部分で、卵のもつ役割がいかに多いか。
意識することで、見えるものも増えてくると思います。
まずは卵料理から。オムレツ、ポシェ、そしてスフレと難易度も
さまざまですが、考えながら料理するくせをつけると
きっと面白くなりますよ。
さあ、卵料理でフランス料理の扉を開けてみましょう。

卵のご馳走、オムレツ

たかが卵、されど卵。何か特別な食材がなくても卵とバターさえあれば
ご馳走になるのがフランス料理。フライパンから香り立つバターの香り、
オムレツのシルキーでやわやわとした食感はどこか懐かしくもあり、
ひと口食べたら、どなたも幸せな気持ちになるのではないでしょうか。
オムレツは難しい、と尻込みしないで、ぜひ挑戦してみてください。
スフレオムレツはひとつ次元の違う味わい。
どちらも必ず上手に作れるレシピです。

Omelette nature

プレーンオムレツ

本来なら、オムレツを焼くには十分に慣らした鉄のフライパンが最適。卵液が鉄の表面に程よく引っかかることで、フライパンからはがしたり、返したりするときにツルツル滑らず、プロには扱いやすいのですが、ここではあえて家庭で一般的なフッ素樹脂加工のフライパンで作りました。滑りやすさに注意すれば、こびりつく不安もなく、ゆったりと落ち着いて焼くことができます。

▶作り方は p.190 参照

Omelette soufflée

スフレオムレツ

卵を泡立てて焼く、大きくてふわふわのオムレツは、
北フランスの世界遺産、モン・サン・ミッシェルの名物
料理。かの地では全卵を泡立てますが、メレンゲに卵
黄を加える方法でレシピ化しました。これなら家庭で
も気軽にチャレンジできます。卵2個でもこんなに大
きい！ シュワシュワとした口どけで味わいもあっさり
しているので、好みのソースを添えてもいいでしょう。

▶作り方は p.192 参照

直径 25cm のフッ素樹脂加工フライパン

【材料】(1 個分)
卵……3 個（M サイズ）
牛乳……20ml
塩……ひとつまみ
バター……5g
植物油（くせのないもの）……適量

＊卵3個で作りづらい場合は、ひとまわり小さなフライパンを使うか、卵を4個にして牛乳25ml、塩ひとつまみ強にする。
＊牛乳を生クリームに替えるとよりリッチな味わいになる。

01 ボウルに卵を割り入れ、牛乳と塩を入れてから溶きほぐす。黄身と白身はちゃんと混ざったほうがよいが、サラサラになるまで溶かず、少しもったり感が残る程度で止める。

＊この状態で10分ほど放置すると、塩がたんぱく質に作用して卵液が垂れないので、オムレツが成形しやすくなります。さらに卵液をざるで漉せば、よりしっとりした仕上がりになります。

02 フライパンに植物油をなじませる程度に入れて弱めの中火にかける。油が熱くなり、サラサラと動くようになったら余分な油を捨て、バターを入れる。

＊オムレツの黄色の澄んだ色を保つために、バターを焦がさないよう注意。植物油を先に入れるのはバターが焦げないようにするためです。

03 バターが溶けたら1の卵液を入れる。菜箸を広げて持ち、フライパンをゆすりながら大きく内側に卵液を混ぜる。卵の縁が固まってきたらぐるりと縁をはがして、さらに内側に勢いよく混ぜる。少しおくとまた固まるので、縁をはがして混ぜる工程を繰り返し、柔らかいスクランブルエッグ状にする。

＊底面の薄皮1枚を残すイメージでぐるぐると混ぜます。ここでスクランブルが足りないと、盛り付けた後で固まっていない卵液がにじんできてしまいます。

04 フライパンを火から離して、鍋の奥を支点にして手前側をぐっと持ち上げてフライパンを傾ける。手前から奥へ卵を寄せ、半分に折りたたむように卵の位置をずらしていく。

＊菜箸で卵の底を押しながら、半折りになるように導いていく。

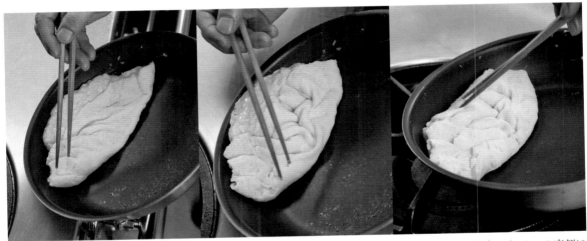

05 フライパンを傾けたまま、卵が木の葉形になるように形作る。鍋底に接する部分が盛り付けたときにオムレツの表側になる。菜箸でひだを寄せながらオムレツの裏側の形を整えていく。

＊火から離しての作業なので慌てずにできます。

06 フライパンの柄をやさしく握り、柄の付け根を軽くトントンと叩きながら、奥から手前へオムレツを回転させる。こうして何度か卵を返し、厚みを出して形を整えたら、きれいな面を下にした状態で、フライパンをくるっと返して皿にのせる。

直径 25cm の
フッ素樹脂加工フライパン

【材料】(1 個分)
卵……2 個(M サイズ)
牛乳……大さじ 1
塩……ひとつまみ
植物油(くせのないもの)
　……小さじ 1/2

01　ボウルを 2 つ用意し、卵を卵黄と卵白に分ける。卵黄のボウルに牛乳と塩を入れて溶き混ぜておく。味つけは卵黄のみでよい。

02　卵白はホイッパーで泡立て、艶があって柔らかくツノが立つ程度のメレンゲにする。泡立てすぎるとモサッとした食感になるので注意する。

03　メレンゲのボウルの空いているところに 1 の卵黄を入れる。

04　泡を潰さないよう、さっくりと切るように混ぜる。混ざりきらずにまだらな部分が少し残っていても大丈夫。

05　フライパンに植物油を入れて弱火にかけ、油が全体になじんだら 4 の生地を流し入れる。

06　生地をフライパン全体に広げる。気泡が潰れるので、あまり触りすぎないこと。

07　蓋をして 1 分 20 秒ほどを目安に蒸し焼きにする。

08　蓋を外して、表面が軽く乾いているのを確認したら、フライパンを手前に傾け、ゴムべらで手前に少しずつ巻き込むようなイメージで折りたたむ。そのままフライパンを返して皿に盛る。

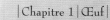

| Galette de sarrasin "Complète"

ガレット・コンプレート

卵が際立つこのひと皿は、フランス北西部ブルターニュ地方の郷土料理。そば粉で作るガレットです。そこに卵、ハム、チーズの基本の具材を加えたものがコンプレートですが、そば粉100%ではなく薄力粉と半々にし、扱いやすく食べやすい配合にしました。ただしバターはたっぷりだから焦げやすい。卵に火を通す前に生地が焦げてはいけないので、火加減は終始弱火で。具材はきのこのソテーに卵とチーズ、ハムの代わりにスモークサーモンも相性よしです。休日のブランチに、シードルをお供にぜひ。▶作り方は p.194 参照

ガレット・コンプレート

直径 26cm の
鉄製フライパン

ガレット生地
【材料】(8 枚分)

A
| そば粉⋯⋯50g
| 薄力粉⋯⋯50g
| グラニュー糖⋯⋯2g
| 塩⋯⋯3g

牛乳⋯⋯250ml
卵黄⋯⋯1 個分
バター（角切り）⋯⋯50g

具材
【材料】(ガレット 1 枚分)

ロースハム⋯⋯2 枚
卵⋯⋯1 個
グリュイエールチーズ（すりおろす）
⋯⋯15g
澄ましバター⋯⋯小さじ 1

＊澄ましバターは、溶かしバターを静
置し、沈殿物が沈んだ上澄みのみを
使う。

01 焦がしバターを作る。小さいフライパンか小鍋にバターを入れて火にかけて
焦がす。ざるで漉してざらついたところを取り除き、固まらない程度に冷まし
ておく（p.176参照）。

02 Aの粉類を合わせてボウルにふ
るい入れる。

03 2 のボウルに、牛乳、卵黄を順に加えながらそのたびによく混ぜる。

04 最後に 1 の焦がしバターを加
え、混ぜ合わせる。

05 4のガレット生地をざるで漉してからラップをし、冷蔵庫で1時間ほど休ませる。

06 フライパンを弱火にかけて澄ましバターを入れ、溶けてなじんだら5の休ませた生地の1/8量を入れ、全体に薄く広げる。
＊ここでジューッと音がしたらフライパンが熱すぎるので注意する。

07 ロースハム2枚を半分に切り、生地の中心に正方形を作るようにして並べる。

08 ハムの中心に卵をのせ、卵の上に塩少々（分量外）を振る。

09 フライパンに蓋をして、卵に軽く火が通るまで1分半ほど蒸し焼きにする。

10 卵の白身に火が入り始めたら蓋を外し、黄身の周りにグリュイエールチーズを散らす。

11 ハムの4辺と平行になるよう、生地を折りたたむ。

12 蓋をして黄身が好みの固さになるまで焼き、器に盛る。

卵のポシェで

ポコポコと静かに沸いた湯で、素材に火を通すのがポシェ（pocher）。
ふっくら柔らかに仕上がる卵料理のベースになります。
ポシェした卵でふたつの料理をお見せしましょう。
何の変哲もない食材が、ソースによって、ビストロ料理になったり、
クリエイティブな料理になったり、また漆黒のトリュフソースをまとわせれば
最高に贅沢な料理になることでしょう。
フレンチの面白さがここにはあります。

Œufs en meurette
ウー アン ムーレット

赤ワインをソースに使うリヨンの郷土料理がベース。ワインを飲みな
がら、卵をおいしく食べるためのひと皿です。ワインはボージョレの
パストゥグランをたっぷりと使いました。卵は強めの塩湯でポシェ
するので、ソースの仕上げの塩は、バランスを考慮して決めます。

▶作り方は p.198 参照

Salade de petits pois et fèves avec œufs de caille pochés

グリンピースとそら豆、鶉卵のポシェのサラダ仕立て

私が考える、卵との好相性。春なら青い香りをもつ豆類。そら豆、グリンピース、スナップえんどう、枝豆、豆苗など。卵のまろやかさに豆の甘み、フレッシュな香りが交わります。生ハムやミモレットの塩気を合わせて、ピスタチオオイルのヴィネグレットを。豆類がほんのり温かい状態で合わせて、立ち上がる香りを楽しみます。

▶作り方は p.200 参照

ウー　アン　ムーレット

【材料】(4人分)
卵のポシェ (p.199 参照) ······4個

ソース
マッシュルーム (縦4等分に切る) ······4個
ベーコン (細めの拍子木切り) ······30g
エシャロット (みじん切り) ······30g
にんにく (みじん切り) ······1/2 片分
バター (角切り) ······70g
赤ワイン (ボージョレ) ······500ml

塩、白胡椒······各適量
パセリ (みじん切り) ······適量

クルトン
食パン (薄切り) ······2枚
澄ましバター······適量

＊澄ましバターは、耐熱皿にバターを入れて湯煎、または電子レンジで加熱して溶かした上澄みを使う。

01 鍋を中火にかけ、バター30g分の角切りを入れる。溶けたらマッシュルームを入れ、バターを吸わせるように全体に絡ませ、ひとつまみの塩を振る。マッシュルームがうっすらと色づいてきたら、取り出す。

02 1の鍋にベーコンを入れ、バターを焦がさないよう注意しながら炒める。ベーコンから脂が出始めたら、にんにくとエシャロットを入れ、ひとつまみの塩をして全体を絡めるように炒める。

03 にんにくとエシャロットが炒まり、香りが出てきたら、赤ワインを注いで煮詰める。しっかりワインを煮詰めることで心地よい酸味を残す。
＊クラシックなレシピでは最初に小麦粉を入れて炒めるが、そうするとソースの色もくすみ、ワインが煮詰まる前に濃度がつき酸味がとばない。

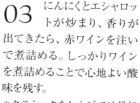

04 ワインが1/8量くらいまで煮詰まったら1のマッシュルームを戻し入れる。

05 残りのバター40gを冷たい状態で加え、ホイッパーでモンテする。
＊モンテする＝バターを乳化させソースにとろみをつけること。

06 適度なとろみと甘みがついたら、塩と白胡椒で味を調えて、ソースを完成させる。

07 クルトンを作る。食パンは耳を落として1枚を2等分にする。フライパンに澄ましバターを多めに入れて火にかけ、食パンをゆっくりと揚げ焼きにする。

08 最後に火を強めるとパンの中に溜まった油の流動性が高まり、油切れがよい。

盛り付け

皿に軽く温め直した卵のポシェを置き、6のソースをかける。パセリを振り、クルトンを添える。

卵をポシェする

【材料】（4個分）
鶏卵（冷蔵庫から出したての冷たいもの）……4個
酢……10ml
粗塩（ミネラル感の強いものが望ましい）……40g
水……2ℓ

＊酢はワインヴィネガーでも米酢でもよい。

01 鍋に分量の水と粗塩を入れて沸かす。鍋は、径は広くなくていいので、卵が十分に沈む深さのあるものを使う。

02 鍋の湯がポコポコと優しく沸いてきたら酢を入れる。酢は最初に入れるととんでしまって効果がなくなるので卵を入れる直前に。

03 卵は1個ずつ小さなボウルに割り入れておく。

04 ボウルをできるだけ湯に近づけて、手前にひっくり返すようなイメージで卵を入れる。湯の深さがあると、卵がくるっと回ってくれる。卵は一度にすべてを入れず、鍋の大きさに合う量を入れること。

05 表面にもやもやと浮いてくる白身を寄せたくなるが、卵を固めるのに余分な白身なので、そのままいじらず、好みで1〜3分、火を通す。

06 穴あきのレードルで1個ずつ引き上げて冷水にとる。

07 ペティナイフで卵の表面の余分な白身を削り取って、つるんとした形に整えたら、崩れないよう布巾の上にのせておく。

グリンピースとそら豆、鶉卵のポシェのサラダ仕立て

【材料】（4人分）
うずらの卵のポシェ（下段参照）……12個
そら豆……60粒
グリンピース……140g（正味）
枝豆……100g（正味）
スナップえんどう……8本
豆苗（葉先の部分）……20本
生ハム……1枚（10g）
ミモレット（チーズ）……適量
シェリーヴィネガー、ピスタチオオイル……各適量
塩……適量

1　そら豆とグリンピースはサヤから出してそれぞれ塩ゆでし、そら豆は薄皮をむく。枝豆はサヤごと塩ゆでし、サヤから出して薄皮をむく。スナップえんどうはへたを落として塩ゆでし、小口に切る。
2　ボウルにシェリーヴィネガーとピスタチオオイルを1：4の割合で入れ、塩少々を混ぜておく（a）。
＊ナッツそのものをサラダに入れると存在感が大きくなりすぎるので、ナッツ系のオイルで風味を添えます。
3　1の豆類を別のボウルに入れる。まだ温かい状態で合わせ、2を適量なじませてから皿に盛る。
4　軽く温め直したうずらの卵のポシェをのせ、せん切りにした生ハム、すりおろしたミモレット、豆苗を散らし、残りの2を適量回しかける。
＊生ハムのわずかな油脂分、ミモレットの塩気、豆苗の青い香りをアクセントに。

うずらの卵をポシェする

【材料】（12個分）
うずらの卵……12個
酢……小さじ1
粗塩……40g
水……2ℓ

1　鶏卵のポシェ（p.199）と同様に、鍋に水と粗塩を入れて沸かす。
2　ボウルにうずらの卵をすべて割り入れる。手では割りにくいので、殻の曲線が丸いほうをペティナイフで切り取る（a）。
3　卵に酢を回しかけ（b）、ボウルをゆすって全体になじませてから1分ほどおく。酢の量は卵の味に影響が出ない程度。しばらくおくと酢の作用で表面がかすかに白っぽくなる。
4　鍋の湯がポコポコと完全に沸いたところへ、3の卵を一気に入れる（c）。すぐに蓋をして火を止め、30秒待つ。
5　網杓子で一気に引き上げ（d）、冷水にとる。水の中で余分な白身を落とすだけで、ツルッとしたきれいなポシェの完成（e）。布巾の上にのせておく。
＊この方法は昔、先輩の方法を見て覚えました。目からうろこの作り方です。

卵のポシェでもう一品

|Œufs bénédictine

エッグ ベネディクト

軽くトーストしたイングリッシュマフィンに温めたハムと卵のポシェをのせ、たっぷりのオランデーズソースをかければ完成。ハムをスモークサーモンに替えれば、エッグロワイヤル。名門ホテルの卵料理のヴァリエーションも、卵のポシェさえマスターすれば思いのまま。休日のブランチにいかがですか。
＊オランデーズソースはp.222参照

スフレを楽しむ

スフレは、小麦粉や牛乳、バターと卵黄で作った濃厚な生地を卵白で作ったメレンゲの力で、
やわらかく持ち上げて完成する料理。卵は万能。そんな新たな発見があるレシピです。
ふうわり軽やかな食感、できたてが最高のご馳走ですが、
放っておくと瞬く間にしぼんで台無しになるので、提供するタイミングを計算して作ります。
そういう意味で難易度は高いですが、食べ手の満足度はそれ以上。
甘くないスフレ・サレと甘いデザートのスフレ・シュクレ、
ふたつのレシピを紹介します。

| Soufflé salé à la Fourme d'Ambert

フルムダンベールの
スフレ・サレ

ブルーチーズの風味を効かせた、塩味のスフレです。
ここではチーズを裏漉しして生地に混ぜ込んでいます
が、粗く刻んで入れたり、ナッツなどのアクセントを加
えてもいいでしょう。チーズの種類もお好みで。ふんわ
り優しく膨らんだスフレ。熱々をどうぞ。

▶作り方は p.204 参照

| Soufflé à l'orange
オレンジのスフレ

デザートのスフレ・シュクレは、サレよりも生地が固く、一体化した
スポンジ状になるので、まっすぐ上に立ち上がります。焼く前のペ
ティナイフの入れ方もポイントです。こちらも、すぐにしぼんでしま
うので、提供のタイミングを逆算して仕上げましょう。

▶作り方は p.206 参照

フルムダンベールの
スフレ・サレ

【材料】（直径8cmのココット型2個分）

ベース
卵黄……1個分
薄力粉……20g
バター（角切り）……20g
牛乳……200ml
フルムダンベール
　（ブルーチーズ）……20g
塩……ひとつまみ

メレンゲ
卵白……2個分
塩……ひとつまみ
バター、薄力粉（型用）……各適量

＊牛乳は冷蔵庫から出したての冷たいものを使用。
＊フルムダンベールは裏漉ししておく。
＊オーブンは185℃で予熱しておく。

ベースを作る

01 鍋にバターを入れて弱火にかけ、溶けてきたら薄力粉を振り入れ、木べらで全体になじませる。色をつけないよう、ときどき火から外しながら炒める。

02 クッキーが焼けるような香りが出てきたら、粉にしっかりと火が入った合図。ここで冷たい牛乳を一気に注ぎ、全体になじませたら、ホイッパーに持ち替え、火にかけながら混ぜる。

03 加熱によって、徐々に濃度がついてくる。塩をひとつまみ入れ、空気を含ませるようにしながらさらに混ぜていくと、だんだんと艶が出てくる。

04 しっかりと沸いた状態になったら、火を止めて卵黄を入れ、よく混ぜる。

ベースを作る

05 裏漉ししたフルムダンベールを加え、全体に混ぜ込む。これでベースが完成。大きなボウルに移し、乾かないよう、表面にラップを貼りつけて粗熱をとる。

06 型の準備をする。内側に柔らかくしたバターを刷毛でまんべんなく塗る。薄力粉を少量入れ、型を叩きながら回し、全体に薄くまぶしたら、逆さにして余分な粉を叩き落とす。

メレンゲを作り、スフレを仕上げる

07 大きなボウルに卵白と塩ひとつまみを入れ、ホイッパーで泡立てる。ツノを立てるというより、卵白の気泡を均一に、きめ細かくするイメージで。十分立ての少し手前くらい、艶が出てぷるっとなめらかな状態にする。

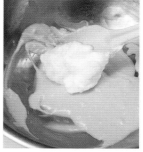

08 5のベースに、7のメレンゲの1/3量を入れ、よく混ぜ合わせる。後から入れるメレンゲをなじみやすくするためなので、最初のメレンゲはしっかり混ぜて泡が潰れてもよい。

メレンゲを作り、スフレを仕上げる

09 さらにメレンゲの1/3量を入れ、ゴムべらを縦にして底から持ち上げ、切るようにして混ぜる。全体を混ぜきらず、まだらな状態でよい。最後に残りのメレンゲを入れたら、切るようにしてメレンゲの白い部分が消えるまで混ぜる。

10 6で準備した型に流し入れ、表面をすり切り、平らにしたら、縁に親指を入れてぐるりと回す。
＊スフレ・サレの生地は柔らかいので、縁に親指を入れて回すと、焼いたときに生地がふんわりと立ち上がります。

11 185℃に予熱したオーブンで15〜20分焼く。

＊5のベースにすぐにメレンゲを合わせない場合は、ベースはボウルごと冷蔵庫で保管します。その場合、使う前にホイッパーでよく混ぜてほぐしてから、メレンゲと合わせます。

アレンジ編

|Soufflé salé à la tomate

トマトのスフレ・サレ

チーズの代わりにトマトペーストを混ぜ込むと、ほんのりピンク色のスフレに。生のトマトも加えた、軽やかな味わいです。

【材料】(直径8cmのココット型2個分)

ベース	メレンゲ
卵黄……1個分	卵白……2個分
薄力粉……20g	塩……ひとつまみ
バター（角切り）……20g	
牛乳……200ml	トマト（7mmの角切り）……20g
トマトペースト……20g	バター、薄力粉（型用）
塩……ひとつまみ	……各適量

作り方は、フルムダンベールのスフレ・サレと同様。手順5でチーズの代わりにトマトペーストを混ぜ込み、手順9で最後のメレンゲを入れた後でトマトの角切りを混ぜる (a)。

a

【材料】(直径8cmのココット型2個分)

ベース
卵黄……2個分
グラニュー糖……10g
薄力粉……8g
牛乳……80ml
バニラビーンズ……1/2本
バター……5g
グランマルニエ……小さじ1
オレンジの皮……適量

メレンゲ
卵白……2個分
グラニュー糖……40g

バター、グラニュー糖（型用）……各適量
粉糖（仕上げ用）……適量

＊オーブンは180℃で予熱しておく。

ベースを作る

01 鍋に牛乳を入れ、バニラビーンズをサヤからしごいて出し、サヤごと入れる。弱火にかけ、沸騰したら火からおろす。

02 ボウルに卵黄とグラニュー糖を入れ、ホイッパーですり混ぜたら、薄力粉も入れてよく混ぜる。

03 2に1の熱い牛乳を注いで混ぜ合わせる。

04 3を鍋に戻して中火にかける。ゴムべらで底から混ぜながら火にかけると、だんだんと濃度がついてくる。

ベースを作る

05 4がしっかりと沸いたら火から外し、冷たいバターを入れて混ぜ込む。バニラビーンズのサヤを取り除き、ボウルに移して乾かないよう表面にラップを貼りつけて冷ます。

06 5が冷めたら、すりおろしたオレンジの皮とグランマルニエを入れて混ぜる。

07 型の準備をする。内側に柔らかくしたバターを刷毛でまんべんなく塗る。グラニュー糖をたっぷり入れ、型を回しながら逆さにして余分なグラニュー糖を落とす。縁についたグラニュー糖は指でぬぐう。

メレンゲを作り、スフレを仕上げる

08 ボウルに卵白を入れてホイッパーで泡立てる。四分立てくらいになったら、グラニュー糖の1/3量を入れてさらに泡立てる。ただ泡立てるのではなく、気泡を均一に整えるイメージで。

09 七分立てくらいになったら、さらに1/3量のグラニュー糖を入れて泡立て、十分立ての少し手前のところで残りのグラニュー糖を入れ、なめらかで艶のあるメレンゲにする。

10 6のベースに、9のメレンゲの1/3量を入れ、よく混ぜ合わせる。後から入れるメレンゲをなじみやすくするためなので、最初のメレンゲはしっかり混ぜて泡が潰れてもよい。

11 さらにメレンゲの1/3量を入れ、ゴムべらを縦にして底から持ち上げ、切るようにして混ぜる。

12 全体を混ぜきらず、まだらな状態で残りのメレンゲを入れたら、切るようにしてメレンゲの白い部分が消えるまで混ぜる。

13 7で準備した型に詰め、表面をすり切り、平らにする。縁にペティナイフを入れたら、縁からやや斜めに角度をつけて、型と生地の間に隙間を作るようにぐるっと回す。
＊この生地はスフレ・サレよりも固いので、ナイフでしっかり隙間を作ると焼いたときにまっすぐ立ち上がります。

14 185℃に予熱したオーブンで15〜20分焼く。仕上げに粉糖を振る。

＊6のベースにすぐにメレンゲを合わせない場合、ベースはボウルごと冷蔵庫で保管します。その場合、使う前にホイッパーでよく混ぜてほぐしてから、メレンゲと合わせます。

アレンジ編

| Soufflé au chocolat

ショコラのスフレ

【材料】(直径8cmのココット型2個分)

ベース
卵黄……2個分
グラニュー糖……20g
薄力粉…… 20g
牛乳……30ml
バター（角切り）……20g
クーベルチュール……70g

メレンゲ
卵白……2個分
グラニュー糖……20g

バター、グラニュー糖（型用）……各適量
粉糖（仕上げ用）……適量

＊クーベルチュール（チョコレート）は、カライブ（カカオ70%）のタブレットを使用。

a　b

＜ベースを作る＞

1　鍋にバターを入れて弱火にかけ、溶けたら薄力粉を振り入れる。色をつけないように炒め、クッキーが焼ける香りがしてきたら、冷たい牛乳を一気に注ぐ。ホイッパーで全体を混ぜ、濃度がついたら火から外す。

2　1が熱いうちに卵黄を溶き入れて素早く混ぜ、さらにクーベルチュールとグラニュー糖を入れて（a）、溶かしながらしっかりと混ぜ込む（b）。別に溶かしたクーベルチュールを混ぜ込むよりも、このほうが分離せず安定する。乾かないよう表面にラップを貼りつけて冷ます。

＜メレンゲを作り、スフレを仕上げる＞

3　オレンジのスフレの手順7〜14と同様。型を用意し、メレンゲを作って2のベースと合わせたら、型に詰め、表面を整える。185℃に予熱したオーブンで15〜20分焼く。仕上げに粉糖を振る。

Chapitre 2 Vinaigrette
ヴィネグレット

酢で料理を食べる。
ヴィネグレットは、
もっとも歴史が古くて、
万能なソース

ヴィネガーは、
フランス料理とは切っても切れないものです。
中世の始まり、5世紀頃のフランスでは、
料理は酢で食べていました。
肉や魚のだしを濃縮させたり、
バターで乳化させたソースが
食べられるようになるのは、17世紀以降のこと。
ドレッシングと聞くと、
サラダにかけるものというイメージが強いのですが、
フランス語ではソース ヴィネグレット。
塩と酢、油で構成するソース。
食材を酢で食べていた時代から、生まれるべくして生まれた、ソースのひとつなのです。
ここでは、店の厨房に常備しているふたつの基本のヴィネグレットと、
オランデーズやラヴィゴットといったフランス料理でおなじみのソース、
ベーコンやハーブ、チーズなどを加えたアレンジソースを紹介します。
温製にして肉や魚のソースにしたりと万能なものばかりですが、
まずは基本のヴィネグレットで、シンプルなグリーンサラダを作ってみてください。
次はそこへ、ナッツを加えたり、シェリーヴィネガーを足してみると、
同じ葉っぱでも、表情ががらりと変わるはずです。
あとひと味を加えられるベースとして考えると、
そこから何十種類とレパートリーが広がるのです。
そして大切なのは、作ってからテーブルに上がって食べるまでの時間を想像すること。
野菜の水けをしっかりときり、必ず手を添えて、ヴィネグレットをふんわりと和える。
それができていないと、あっという間に野菜の水が出て、バランスが崩れてしまう。
サラダは、調理する者の意識がわかりやすく皿に表れる、
一番難しい料理なのかもしれません。

基本のヴィネグレットソースはふたつ

厨房で常備しているのは、このふたつ。そのままでも使いますが、
注文に応じて、さらに柑橘やハーブ、ナッツなどの風味を添えて
いろいろと応用がきくよう、柔らかい味に仕上げておきます。
ヴィネガーとオイルの種類にこだわったプロ仕様ですが、
シンプルなグリーンサラダがぐっと格上げできて、
レパートリーが広がり、日々の料理が面白くなること請け合いです。

| Sauce vinaigrette au cidre

シードル風味の
ヴィネグレットソース

基本のドレッシングですが、個性の違う3種のヴィネガーを
合わせて使うことで、後からどんな方向にももっていきやすく
なります。魚介の料理にハーブとレモン果汁を足したり、うず
らの料理にナッツ系のオイルを足したり。素材に合わせて温
かくも冷たくもできるので、まさに万能型。長年作り続けてい
るレシピです。

▶作り方は p.212 参照

Sauce vinaigrette aux trois huiles

ナッツ風味の
ヴィネグレットソース

フランスで働いていた店のシェフが作っていたドレッシングがベースです。彼は胡桃とノワゼット、アーモンドの3種のナッツオイルを使っていて、とても濃厚なものでしたが、私のレシピはもう少し軽やかにしています。乳化させず、オイルの中にヴィネガーが散った状態。素材を油脂で包み、ヴィネガーと塩のニュアンスで食べるイメージです。

▶作り方は p.213 参照

シードル風味の
ヴィネグレットソース

【材料】（作りやすい分量）

A
| エシャロット（みじん切り）……6g
| にんにく（みじん切り）……少々
| マスタード（ディジョン）……3g
| 塩……2g
| 白胡椒……ひとつまみ

B
| シードルヴィネガー……7ml
| 白ワインヴィネガー……7ml
| 赤ワインヴィネガー……14ml

C
| グレープシードオイル……250ml
| E.V. オリーブオイル……24ml

1　ボウルにAを入れて塩が溶けるまで混ぜ合わせる。

2　さらにBのヴィネガー3種を入れ（a）、よく混ぜる。甘みのあるシードル、塩の強いものに合わせる赤ワイン、爽やかな白ワイン。個性の違うヴィネガーを合わせて複雑な味わいに。

3　Cのオイルを 2 に少しずつ垂らしながら撹拌する。全体を大きく混ぜるのではなく、オイルを落とす場所を一点に決め、そこをホイッパーで集中して撹拌することで、全体に回していくのがポイント（b）。味をみて、塩（分量外）で調える。容器に入れ、冷蔵庫で10日〜2週間は保存できる。

合わせたのは……

| Salade mélangée
サラダ メランジェ

シンプルなグリーンサラダ。食感や厚みの違うもの、苦味のあるものなどを数種類混ぜるとよい。しっかりと水けをきってボウルに入れたら、ヴィネグレットソースで和える。このとき、ヴィネグレットソースは直接野菜にかからないよう、ボウルの縁に円を描くように回し入れ、その後、手を添えて葉の1枚1枚にすり合わせるように絡める。これがヴィネグレットソースの合わせ方の鉄則。直接かけると葉がビシャビシャになって台無しに。艶よく混ざったら味をみて、塩が足りなければここで振る。

ナッツ風味の
ヴィネグレットソース

【材料】(作りやすい分量)

A
シェリーヴィネガー……25ml
塩……1g
白胡椒……適量(塩の1/6量目安)

B
グレープシードオイル……125ml
ピーナッツオイル……63ml
ノワゼットオイル……63ml

＊ノワゼットオイルはヘーゼルナッツオイルのこと。

1　ボウルにAを入れて、塩が溶けるまでよく混ぜる(a)。
2　1にBのオイルをすべて入れ、ざっくりと混ぜる(b)。乳化させずに、オイルの香りを生かす。容器に入れ、冷蔵庫で10日〜2週間は保存できる。

合わせたのは……

Filet de caneton fumé et salade de lentilles
仔鴨むね肉の燻製とレンズ豆のサラダ

赤身の肉、ホクホクした豆類などと相性がよいので、仔鴨むね肉の燻製とレンズ豆のサラダに。レンズ豆はゆでて、玉ねぎとにんじんのバターソテーと合わせ、パセリの粗みじん切りとともにヴィネグレットソースを絡めてある。

ロックフォールのヴィネグレットソース

クセの強いブルーチーズに対抗して、赤ワインヴィネガーと香りの強いオイル、
黒胡椒を合わせて、個性のあるハッキリとした味わいに仕立てます。
チーズの塩気があるので、塩は入れません。

【材料】(作りやすい分量)
ロックフォールチーズ……50g　　E.V. オリーブオイル……90ml
赤ワインヴィネガー……30ml　　黒胡椒……適量

1　ボウルに粗漉ししたロックフォールチーズ、赤ワインヴィ
　　ネガーを入れて混ぜる。
2　1にオリーブオイル、黒胡椒を入れてざっくり混ぜる。乳
　　化させなくてよい。

合わせたのは……

Salade d'endives aux noix

アンディーヴと胡桃のサラダ

ブルーチーズとアンディー
ヴ、胡桃は王道の組み合
わせ。アンディーヴは軽く
塩をして器に盛り、ヴィネ
グレットソースをかけ、胡
桃と削ったブルーチーズ
を散らす。りんごやドライ
フルーツなどを添えてもお
いしい。

ラヴィゴットソース

【材料】(作りやすい分量)
ゆで卵（固ゆで）……1個
トマト（皮を湯むきして種を取り、
　　5mm角に切る）……1/4個
エシャロット（みじん切り）……大さじ1
コルニッション（2mm角に切る）……大さじ1
ケイパー（酢漬け）……大さじ1
エストラゴン（枝付きで）……5g
パセリ（枝付きで）……5g
マスタード（ディジョン）……大さじ1
赤ワインヴィネガー……30ml
E.V. オリーブオイル……120ml
塩、白胡椒……各適量

＊エストラゴンとパセリは
枝付きの分量。葉を摘ん
でみじん切りにしておく。

1　ゆで卵は白身と黄身に分け、それぞれざるで優しく押し出して漉す。
2　ボウルにマスタードと赤ワインヴィネガー、塩、白胡椒各少々を入れ、塩が溶けるまで混ぜる。
3　2にエシャロット、コルニッション、ケイパー、エストラゴン、パセリ、1のゆで卵を入れ、オリーブオイルを加えてよく混ぜる。
4　最後にトマトを入れて混ぜ合わせ、味をみて塩、白胡椒で調える。

Sauce ravigote

ラヴィゴットソース

元々、ラヴィゴットは野菜のソースという意味で、中に入れるものの定義は、実はありません。同時に、ラヴィゴットという言葉は元気になるという意味でもあります。転じて、野菜が摂れるヴィネグレットソースになったのでしょう。

合わせたのは……

| Pieds de porc et choux à la ravigote

豚足とキャベツ

ゼラチン質たっぷりの豚足との組み合わせは定番。豚足は爪と腱を除き、柔らかくなるまでゆでたものをバットで冷やし固める。下ゆで時に味つけせず、切り分けて焼くときに塩を振る。付け合わせはキャベツのバターソテー。

ベーコンの温製
ヴィネグレットソース

ベーコンの脂と旨味を、風味の強いオリーブオイルで引き出しつつ、ヴィネガーの酸味を
ベーコンに吸わせます。マッシュルームなど、淡白な味わいの野菜と相性抜群です。

合わせたのは……

Salade de mâche
et champignons de Paris

マーシュと
マッシュルームの
サラダ

生のマッシュルームをスライスし、マーシュと
一緒に器に放射状に並べ、シブレットを添
え、温かいヴィネグレットソースをかける。

【材料】（作りやすい分量）

ベーコン（5mm角に切る）……60g

エシャロット（みじん切り）……40g

エストラゴン（粗みじん切り）……適量

パセリ（粗みじん切り）……適量

赤ワインヴィネガー……30ml

E.V. オリーブオイル……90ml

塩、白胡椒……各適量

01　鍋にオリーブオイル30mlを入れて弱火にかけ、熱くなりすぎないうちにベーコンを入れて炒める。

02　ベーコンから脂が出て、少し縮んできたタイミングでエシャロットを入れ、一緒に炒める。完全に脂を出すとベーコンが出がらし状態になるので、エシャロットを炒める時間も逆算すること。ベーコンの塩気があるので、ここで塩はしなくてよい。

03　エシャロットがしんなりとしたら、赤ワインヴィネガーを少しずつ加え、しっとりと全体になじませる。旨味と脂のかたまりに、酸味を吸わせた状態にする。

04　残りのオリーブオイルを入れて全体を混ぜ、塩と白胡椒で味を調える。火を止め、仕上げにエストラゴンとパセリを入れる。

ガスコナードソース

フランス南西部、ガスコーニュ地方で親しまれる、アンチョビと
にんにくを効かせたソースです。イタリアのバーニャカウダと同様
のものですね。これが南仏へ行くと、バジルを入れたアンショワ
イヤードに変化します。にんにくの代わりに生のアーモンドで作る
場合も。アンチョビとにんにくの割合が多いですが、食べると意
外や、空気を含んだ優しい味わいです。

合わせたのは……

| Noix de coquilles St-Jacques poêlées et chou fleur

帆立貝のポワレとカリフラワーの
コンビネーション

塩をしてオリーブオイルで半生にポワレした帆立の貝柱と、生の
カリフラワーに合わせて。カリフラワーはスライスしてから冷水
に放してシャキッとさせ、塩を振る。白いソースは牛乳で煮たカリ
フラワーをピュレにしたもの。

【材料】（作りやすい分量）

アンチョビ（フィレ）……50g

A ┃にんにく（半割りにして芯を取る）……40g
┃バター（角切り）……42g

B ┃牛乳……40ml
┃生クリーム（脂肪分43%）……35ml

E.V. オリーブオイル……85ml

01 アンチョビは水に浸し、表面が白く濁る程度に軽く塩抜きして、水けを拭き取っておく。

02 鍋にAのバターを入れて弱火にかけ、溶けたらにんにくを入れる。バターを焦がさないように注意しながら、ゆっくりとにんにくに火を入れる。

03 この間に、別鍋にBの牛乳と生クリームを入れて中火にかけ、沸かしておく。

04 2のバターが泡立って茶色く色づき、甘い香りになってくる。にんにくに金串を刺して、抵抗なくスッと刺さるようになったら火を止める。

05 ミキサーに3と4を熱いうちに入れ、1のアンチョビも入れて、なめらかなピュレ状にする。

06 別鍋でオリーブオイルを100℃以下に温めたものを、5に少しずつ加えながら攪拌し、ぽってりとしたマヨネーズ状にする。

| Vinaigrette d'oignon nouveau à la sauge

新玉ねぎのヴィネグレット
セージ風味

水分たっぷりで、甘く柔らかな新玉ねぎですが、その水分が炒めたときに玉ね
ぎくささとならないよう、加熱の仕方にポイントがあります。フレッシュなセージ
の香りを添えて、豚肉など脂のある肉との相性を楽しみましょう。

合わせたのは……

| Porc rôti à l'oignon

豚肩ロースのローストとプチオニオン

新玉ねぎのヴィネグレットは、玉ねぎを炒めるとき以外に油を使
わないので、最後に豚肉の脂を合わせて完成させるイメージ。豚
肩ロース肉は110℃のオーブンを使ってじっくり火を入れ、フライ
パンで仕上げ焼きしたものですが、p.48のローストポークを用い
ても。丸く流した茶色のソースは、マデラ酒と白ワインを煮詰めて
フォン・ド・ヴォーを合わせたもの。付け合わせにプチオニオンの
バターソテーを添えて。

【材料】(作りやすい分量)

新玉ねぎ (スライス) ……250g

セージの葉……10 枚

白ワインヴィネガー……15ml

E.V. オリーブオイル……30ml

塩……2g

01 鍋にオリーブオイルを入れて強めの中火で熱し、煙が出始めたら新玉ねぎを入れる。火が弱いと玉ねぎから一気に水分が出て玉ねぎくささが出てしまう。最初に強めの火加減で玉ねぎの水分をとばしながら、手早く炒めるのがポイント。

02 色がつかないよう少し火を落とし、頻繁に混ぜながら炒める。熱い油でコーティングし、玉ねぎ自体がしっかり熱くなったら、塩ふたつまみ (分量外) を振ってさらに炒める。

03 火が入って、玉ねぎの表面がツヤツヤになったら、もう余計な水分は出てこないので、ここで弱火にする。

04 弱火でしばらく炒めたら、玉ねぎのカサの1/3程度の水 (分量外) を加えてなじませ、玉ねぎの中までしっかりと火を入れるように加熱し、ミキサーに移す。

05 4をミキサーで攪拌し、途中で白ワインヴィネガーと塩を入れる。通常、甘いものに酢を加えると生ぐさみが出るが、玉ねぎをベチャッとさせず玉ねぎくささを抜いているので、程よいバランスになる。

06 さらにセージの葉を入れて攪拌し、ピュレ状にする。フレッシュなハーブの香りが加わる。

オランデーズソース温故知新

卵黄とバターのまろやかな風味をレモン果汁が引き締めます。マヨネーズ状のソースとしてのオランデーズが知られていますが、遡れば、パンとヴィネガーに卵黄を絡ませて食べたのが、原形ではないかと言われています。まだ乳化の概念がなかった時代に思いを馳せつつ、原形のイメージも表現してみました。

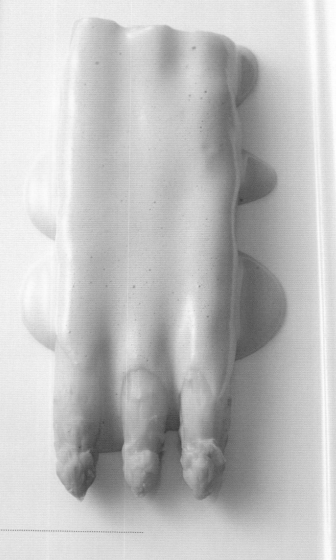

合わせたのは……

Asperges blanches pochées

ホワイトアスパラガスのポシェ

春から初夏が旬のホワイトアスパラガスを柔らかくゆでて、たっぷりのオランデーズソースをかける、定番中の定番。p.201のエッグ ベネディクトにかけるオランデーズソースもこのレシピ。ホワイトアスパラガスのゆで方はp.226に。

現代のレシピ
オランデーズソース

【材料】(作りやすい分量)

卵黄……4個分

水……100ml

澄ましバター……250ml

レモン果汁、カイエンヌペッパー
　　……各少々

塩……適量

＊澄ましバターは分量より多めのバターを鍋か電子レンジで溶かしてから静置し、沈殿物を入れないよう上澄み部分を取り分けて使う。

古典のレシピ
オランデーズソース
アンシエンヌ

01 ボウルに卵黄と水を入れて、卵のコシが切れるまでホイッパーで混ぜ合わせる。

03 全体にふっくらとしてきたら、湯煎から外してしばらく攪拌し、ボウルの底に当たっている熱を均一に回すようにする。
＊湯煎にかけ、また外して攪拌する作業を何度か繰り返しながら、ゆっくりと加熱することで、卵くささが取れ、気泡が均一になります。泡をしっかり立てようと思わず、ボリュームを落とさないよう、大きさがバラバラの気泡を整えるように攪拌するのがポイント。

04 リボン状になったら湯煎を外し、人肌に温めた澄ましバターを少しずつ一点に糸を垂らすように入れながら、卵とつないでいく。
＊ホイッパーで全体を混ぜるのではなく、バターが落ちるところを集中して混ぜ、しっかりと乳化させながら全体をつないでいくのがポイント。きれいに乳化すれば分離もしません。

【材料】(作りやすい分量)

クルトン……適量

白ワインヴィネガー……適量

卵黄……1個分

01 クルトンに白ワインヴィネガーをしみ込ませる。

02 1を別添えの卵黄とともにサービスし、卓上で絡めてソースにする。

02 80℃の湯を張った鍋の上に1のボウルを重ねて、湯煎しながら攪拌する。ボウルを回しながら、八の字を描くようにして攪拌するのがポイント。水が入っているので卵にはゆっくりと火が入っていく。

05 仕上げに塩ふたつまみを目安に味を調え、レモン果汁、カイエンヌペッパーで引き締める。ほんの少量で効くので入れすぎに注意。

温かなエストラゴンの
ヴィネグレットソース

エストラゴンの酢漬けや白ワイン、バルサミコ酢が入ったベースのヴィネグレットだけでもおいしいのですが、そこへ焦がしバターのコクを加え、フレッシュ・エストラゴン、トマトなど素材をプラス。さらに味わいに深みをもたらし、肉料理にも合わせやすいソースになります。

合わせたのは……

| Cuisse de poulet grillée en salade

若鶏もも肉のグリル サラダ仕立て

中華鍋に網を重ねて、少し燻すようにグリルした鶏もも肉。その香ばしいニュアンスに、焦がしバターやハーブの重層感を合わせる。サラダの野菜は気取らないものを選んで、シードル風味のヴィネグレットソース（p.212）を絡める。鶏もも肉の焼き方はp.227に。

【ベースの材料】（作りやすい分量）

エシャロット（みじん切り）……50g

エストラゴン（枝付きの酢漬け）
……50g

オリーブオイル……180ml

白ワイン……40ml

バルサミコ酢……15ml

塩……適量

＊エストラゴンは枝を外して葉だけを
みじん切りにする。

【仕上げの材料】（2人分）

ベースのヴィネグレット……60ml

トマト（7mmの角切り）……大さじ1

エストラゴン（粗みじん切り）
……大さじ1/2

パセリ（みじん切り）……大さじ1/2

バター（角切り）……15g

塩……適量

＊トマトは湯むきして種を取ってから角
切りにする。

ベースのヴィネグレットを作る

01 鍋にオリーブオイルとエシャロット、塩ひとつまみを入れて弱火にかけ、エシャロットに火が通るまでゆっくりと加熱。エシャロットのコンフィにする。

02 1に酢漬けのエストラゴン、白ワインを入れ、少し煮立ててなじませる。酢でなく白ワインで、ほのかな酸味と風味を効かせる。

03 火を止め、バルサミコ酢を加える。この状態で容器に入れ、冷蔵庫で10日〜2週間は保存できる。

ヴィネグレットの仕上げ

04 フライパンにバターを入れて火にかけ、焦がしバターを作る。

05 3のベースを鍋に60ml分取り分けて温めたところへ、4の焦がしバターを入れてよく混ぜる。

06 5にトマト、エストラゴン、パセリを入れ、味をみて塩で調える。

ホワイトアスパラガスのポシェ

ホワイトアスパラガスは、春から初夏にかけての野菜の花形。
緑の野菜にはないほっこり感と土の香りは独特のものです。
その香りが命なので、ゆでるときは香りの強い皮も一緒に。

【材料】(作りやすい分量)
ホワイトアスパラガス……8本
塩…… 適量

＊上にかかっているオランデーズソースのレシピはp.223参照。

ホワイトアスパラガスは、はかまが開いておらず、穂先が締まっているものを選ぶ。開いていると、香りがとんでしまう。

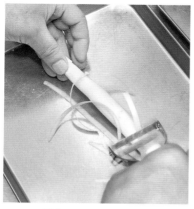

01 穂先の2cmほど下からピーラーで皮をむく。むいた皮はそれだけを紐で束ねておく。

02 アスパラガスが横に収まる径の鍋に水を入れ、1の皮と、水1ℓにつき15g見当の塩を入れて火にかけて沸かす。

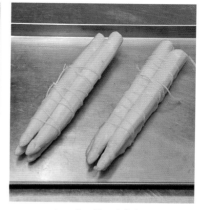

03 アスパラガスは太さがバラバラなので、太いものと細いものを組み合わせながら、数本ずつまとめて紐で縛り、同じ大きさのかたまりを複数作る。こうすることで均等に火が入る。

04 湯が沸き、皮の色が湯に出てきたら、アスパラガスの太いほうを下に立てて入れ、そのまま1分半から2分くらいゆでたら、全部を沈める。

05 串を刺し、少し抵抗を感じながらスッと入るようになったら引き上げて氷水にとり、余熱を止める。

06 氷水に長く入れておくと味が抜けるので、すぐに引き上げ、布巾にのせて水けをきる。

【材料】（作りやすい分量）

バター……250g
卵黄……1個分
パプリカ（赤、みじん切り）……35g
トマト（皮と種を取ってみじん切り）……45g
エシャロット（みじん切り）……13g
にんにく（みじん切り）……1/4 片分
セルフィーユ（みじん切り）……15g
シブレット（みじん切り）……15g
パセリの葉（みじん切り）……15g
エストラゴン（みじん切り）……3g
ローズマリーの葉（みじん切り）……1g
タイム（葉のみ）……1g
トマトペースト……4g
ブラックオリーブ（種を取りみじん切り）
　……4個分
アンチョビ（細かく叩く）……2.5g
ケイパー（酢漬け、みじん切り）……6g
マスタード（ディジョン）……8g
アーモンドパウダー……8g
パプリカパウダー……5g
カレーパウダー……3g
カイエンヌペッパー……1g
レモンの皮（すりおろす）……1/4 個分
レモン果汁……1/4 個分
オレンジの皮（すりおろす）……1/4 個分
コニャック……小さじ1
マデラ酒……小さじ1
塩……3g
白胡椒……1g

01 ボウルにバターと卵黄以外の材料をすべて入れ、よく混ぜる。

02 ラップをかけて、そのまま常温で5日ほどおいて、発酵させる。全体がなじみ、一体感が出るが、湿度の高い日本では腐敗のリスクもあるので、頻繁に状態をみて日数を短くしてもよい。また、夏季は冷蔵庫を併用する。

03 別のボウルにバターを入れ、ポマード状に柔らかくしたところへ2を加え、よく練り合わせる。卵黄を溶き入れ、さらによく混ぜ合わせる。

04 ラップにのせてくるくると丸めてバトン状にし、冷蔵庫で締める。日持ちは1週間ほど。

合わせたのは……

| Filet de bœuf poêlé au beurre de Café de Paris

牛フィレ肉のポワレ

ポワレした牛フィレにブール ド カフェ ド パリをのせ、オーブンで表面をこんがりと焼く。赤ワインと赤ワインヴィネガーがほぼ同割で入った酸味の強いソースと、セップ茸のソテを添えて。

ブール メートル ドテル

ブール マルシャン ド ヴァン

232

| Beurre maître d'hôtel
ブール メートル ドテル

一番、なじみがあって使いやすいのは
このバターでしょう。ステーキやフライ
にのせるのが定番。手軽に作れるので
覚えておくと便利です。

【材料】(作りやすい分量)
バター……125g
パセリの葉(みじん切り)……大さじ2
レモン果汁……1/4個分
塩……5g

1 ボウルにバターを入れ、ポマード状に柔らかくしたところへ、パセ
リ、塩を入れて練り合わせる(a)。ソースとして使うので塩はしっ
かりめ。塩と一緒にパセリを入れると、パセリが全体に混ざり込ん
だのを目で確認できることで、塩も均一に混ざったことがわかる。
分離しないように注意する。
2 パセリと塩が混ざってから、レモン果汁を入れて混ぜ合わせる
(b)。最初から入れると水分と油でうまく混ざらない。ラップにの
せてバトン状に包んで冷蔵庫で締める。日持ちは1週間ほど。
＊すぐに使うのなら、絞り袋に入れて生クリームのように絞り出してもよい。

合わせたのは……

| Sole Colbert
舌平目のコルベール風

クラシックなフランス料理で、観音開きにして中骨
を取った舌平目をフライにし、ブール メートル ド
テルを絞り出したもの。魚介のフライ全般に合わせる
のが定番。また、肉との相性も抜群で、ステーキに
のせたり、キエフ風チキンカツでは肉の中に詰めた
りもする。

| Beurre marchand de vin
ブール マルシャンド ヴァン

煮詰めた赤ワインをバターに混ぜ込んだもので、色合いも鮮やか。焼いた肉に
よく合います。口の中で赤ワインソースが出来上がるようなイメージで楽しんで
ください。

【材料】(作りやすい分量)
バター……225g
エシャロット(みじん切り)……20g
パセリの葉(みじん切り)……10g
赤ワイン……450ml
グラス・ド・ヴィアンド……40g
レモン果汁……大さじ2
塩……適量

＊グラス・ド・ヴィ
アンドはフォン・
ド・ヴォーをさら
に煮詰めて濃縮
させたもの。市
販品もある。

1 鍋にエシャロット、赤ワイン、グラス・ド・ヴィアンドを入れて中火に
かけ、しっかりと煮詰め(a)、完全に冷ましておく。
2 ボウルにバターを入れてポマード状に柔らかくする。液体が入るの
で、分離しないようほかの調味バターよりもかなり柔らかくするの
がポイント。
3 2に、パセリと塩を入れてよく混ぜ合わせたら(b)、レモン果汁を
加えて混ぜ、1を入れる。水分と油で弾き合うので、包み込むよう
に混ぜ合わせる(c)。ラップにのせ、バトン状に包んで冷蔵庫で
締める。エシャロットとワインが入るので日持ちは3日ほど。

合わせたのは……

| Aloyau de bœuf grillé au beurre marchand de vin
牛ロースのグリル

塩、黒胡椒をして、グリル板で香ばしく焼いた牛ロー
スのグリルにのせる。鶏肉はじめ肉のグリル全般に
合うが、ベストな相性は牛や仔羊など赤身の肉。

ガルニチュール

ガルニチュールは付け合わせのことです。最近は重要視されない分野ですが、本来、ソースと付け合わせがあってメインディッシュとして完成するのがフランス料理。野菜を上手に使って、肉や魚に負けないおいしい一品にするテクニックは、すたれてはいけないものだと思います。少し手がかかるレシピですが、やはりフレンチならではのエスプリがあります。

Gratin dauphinois
じゃがいものドフィノワ

仔羊料理の付け合わせとしては定番で、これだけでメインになることはない料理。でも、大好きな人は多いですね。本来、生地は牛乳だけなのですが、一部を生クリームにすると、チーズの濃厚さと相まって、ぐっとボリューム感が出ます。もちろん、おいしさも倍増しますよ。

【材料】(容量 1.2ℓの耐熱容器1個分)

じゃがいも（メークイン）……3個（520g）
にんにく（半分に切る）……1片分
牛乳……180ml
生クリーム（乳脂肪分 43%）……90ml
ナツメグパウダー……少々
グリュイエールチーズ（すりおろす）……80g
塩……適量
白胡椒……適量
バター（型用）……少々

＊オーブンを200℃に予熱しておく。

01 ボウルに牛乳、生クリーム、ナツメグパウダー、塩、白胡椒を入れ、よく混ぜておく。後でチーズが入るので、塩は薄めでよい。

02 耐熱容器の内側全面に刷毛でバターを塗り、香り付けににんにくの断面をこすりつける。バターは縁までしっかり塗ること。

03 じゃがいもは皮をむき、スライサーで2〜3mmの厚さにスライスする。

04 じゃがいもに軽く塩を振って全体になじませる。

05 耐熱容器にじゃがいもを並べ、平らに敷き詰める。

06 1の生地を流し入れ、じゃがいもが浸かるようにゴムべらなどで全体をならす。200℃に予熱したオーブンで30分焼く。

07 30分後、まだ生地の水分が残り、じゃがいもに串を刺すと少し抵抗がある状態。ここでグリュイエールチーズをのせ、再びオーブンに入れ、8分ほどこんがり焼き色をつける。

235

Purée de carottes

にんじんの
ピュレ

通常、ピュレに焦がしバターを入れることはないのですが、若い頃、失敗したにんじんのグラッセを食べてみて、焦がしたバターの風味もいいなと思ったのです。カラメル風味のにんじんがクセになるおいしさ。甲殻類を使った料理のソースや、ゼラチンとクリームを加えてムースにしても。

Purée de pommes de terre

じゃがいものピュレ

昔は、じゃがいものピュレは粘りを出さずに仕上げるのが鉄則でしたが、今はいろいろな考え方が出てきました。私はメークインのなめらかさを生かすよう、牛乳と一体化させながら粘りを出し、ゆでたてのみずみずしさを生かします。

にんじんのピュレ

【材料】（作りやすい分量）
にんじん……1本（250g）
ローリエ……1枚
牛乳……適量（240ml目安）
バター（角切り）
　……適量（120g目安）
塩……適量

＊写真に添えてある緑は、にんじんの葉の素揚げ。

1　にんじんは上下を切り落として皮をむき、縦4等分にする。口当たりのよくない芯の部分をそぎ落として（a）、厚さ1cmのいちょう切りにする。

2　鍋に1とローリエを入れ、牛乳をひたひたに注ぐ（b）。塩ひとつまみを入れて中火にかける。にんじんに串がスッと通り、牛乳が少し残るくらいで火を止め、ローリエを取り除く。

3　2の重さを牛乳ごと量り、その重量の半量のバターを準備する。にんじんは牛乳ごとミキサーにかけて粗く潰す（c）。

4　3で計量したバターをフライパンに入れて中火にかけ、焦がしバターを作ってざるで漉す（d）。3のミキサーに焦がしバターを少しずつ加えながら撹拌し（e）、なめらかなピュレ状にする。塩で味を調える。

じゃがいものピュレ

【材料】（作りやすい分量）
じゃがいも（メークイン）……500g
バター（冷たいもの、角切り）……150g
牛乳……180〜250ml目安
塩……適量

1　鍋にじゃがいもを丸ごと、皮付きのまま入れ、かぶるくらいの水（分量外）を注ぎ、塩を入れて中火にかける。塩の量は水1ℓにつき10g。串がスッと通るまでゆでて（a）、熱いうちに皮をむく。

2　1が熱いうちに、冷たいバターと一緒にムーラン（野菜漉し器）に入れて裏漉しする（b）。

＊ムーランで漉すと、じゃがいもが粘らずにピュレになり、それを冷たいバターが溶けながら包み込んでくれる。漉し器で押すように裏漉ししてもよい。

3　2を漉したところに、人肌に温めた牛乳を少し入れて全体になじませたら（c）、その後、3回くらいに分けて牛乳を注ぎ、ホイッパーで素早く練るように混ぜる（d）。

＊漉すときは粘らせず、牛乳と一緒に練って一体化させる。

4　じゃがいもの状態によって、牛乳の分量を加減しながら混ぜ、柔らかさを調整する。塩で味を調え、目の細かい漉し器で押しながら漉す（e）。

＊盛り付けの前に鍋で温め直すと、バターがゆるんでじゃがいもの香りが立ち、さらになめらかになる。

夏野菜のコンフィ

ポール・ボキューズのレストランで働いていた頃に作っていた思い出のレシピ。ボキューズさんの大好物で、厨房にきては、この量をペロッと平らげていました。大量の野菜をギュッと濃縮し、バジルのフレッシュな香りとバルサミコ酢の甘酸っぱさで引き締めます。付け合わせでもおいしいのですが、写真のようにパンにのせてタルティーヌにすると白ワインのお供になります。

【材料】(容量 1.2ℓ の耐熱容器1個分)

トマト……中4個
パプリカ(赤、黄)……各1個
なす……1本
玉ねぎ……1/2個
にんにく(半割りにして芯を取る)……5片分

タイム……5～7枝
バジルの葉……5g
バルサミコ酢……少々
オリーブオイル……約90ml
塩、白胡椒……各適量
＊オーブンを200℃に予熱しておく

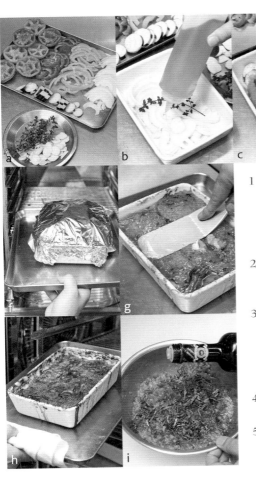

1 トマトはへたをくりぬいて皮を湯むきし、横半分に切って種を取る。パプリカはへたをくりぬいて縦半分に切り、白いワタと一緒に種を取って横から厚さ3mmにスライスする。なすはへたとお尻を切り落とし、ピーラーで縞状に皮をむいて厚さ5mmの輪切りにする。玉ねぎは繊維を断つように厚さ3mmにスライスする(a)。

2 耐熱容器にオリーブオイル大さじ1程度(以下も同量)を敷き、玉ねぎを敷き詰めたら軽く塩と白胡椒を振り、タイム1～2枝、にんにく1片分をのせ、オリーブオイルを回しかける(b)。

3 2の上になすを平らに敷き詰め、塩、白胡椒を振り、タイム、にんにくをのせてオリーブオイルを回しかける。その上にトマト2個分を手で開き平らになるようにのせ、上からならすように押し、塩、白胡椒を振り、タイム、にんにくをのせてオリーブオイルをかける(c)。以降、2色のパプリカ、トマトの順に同様に重ねる(d、e)。

4 3を天板にのせて表面にアルミホイルをかぶせ、200℃に予熱したオーブンで1時間、蒸し焼きにする(f)。

5 1時間後。アルミホイルを外すとすっかりカサが減っている。底に野菜のジュースが溜まっているので、へらで全体を押して表面の野菜をジュースに浸かるようにする(g)。アルミホイルをかけずに150℃のオーブンで1時間焼く。

6 水分が煮詰まってくると野菜がジュースに浸からず、火が入る前に焦げるので、様子を見ながら、途中で何度か取り出し、野菜をジュースとなじませる。

7 1時間後。水分もすっかり抜けてオイル主体になり、野菜は一体化して容器の半分までカサが減る(h)。粗熱がとれたら、タイムの枝やにんにくを取り出す。

8 7をまな板に広げ、包丁で丁寧に叩いてペースト状にし、ボウルに移して細かく刻んだバジルの葉とバルサミコ酢少々を混ぜ(i)、塩で調える。

髙良康之 Takara Yasuyuki

「レストラン ラフィナージュ」オーナーシェフ。
1967年、東京都生まれ。ホテルメトロポリタン勤務を経て、1989年渡仏。
「ラミロテ」（ロワイヨン）を皮切りに「オーベルジュ・ブレッサン」（ブレス）、「ラ・プティット・クール」（パリ）、「オンブルモン」（サヴォ
ワ）、「パン・アデュール・エ・ファンテジ」（ランド）の各地で研鑽を積む。帰国後は、赤坂「ル・マエストロ・ポール・ボキューズ・トー
キョー」副料理長、日比谷「南部亭」料理長を歴任し、2002年「ブラッスリー・レカン」オープンに伴い、料理長に就任。「銀座レカン」
総料理長を経て、2018年10月、自身の店「レストラン ラフィナージュ」をオープン。2020ミシュラン東京より5年連続1つ星を獲得。
フランス料理有職者の協会「クラブ アトラス」会長を務め、料理講習会などプロから愛好家向けまで、精力的に活動している。

レストラン ラフィナージュ

ラフィナージュは、フランス語で"熟成"という意味。料理人としてのこれまでの経験と、大切な人たちとの出会いを糧に、これから
出会うすべてのこと、人を繋ぎながら、店も料理も、サービスも、円熟を深めていきたい、そんな想いを込めて名づけました。臨場感
のあるカウンター席、落ち着いたテーブル席、また少人数での会食向きの個室からなります。

Restaurant
L'AFFINAGE
東京都中央区銀座 5-9-16 GINZA-A5 2階
Tel：03-6274-6541
ランチ　12時～13時30分（L.O.）15時30分クローズ
ディナー　18時～20時（L.O.）22時クローズ
定休日　月曜、第3火曜　昼夜ともに要予約
https://laffinage.jp/

撮影：合田昌弘（p.2～23、26～71、75～83、85～115、120～154、158～185、188～195、228～229、240）
　　　櫻井めぐみ（p.24～25、72～74、84、116～119、155～157、186～187、196～227、230～239）
ブックデザイン：椎名麻美
DTP協力：株式会社明昌堂
校正：株式会社円水社
取材協力：鹿野真砂美　後藤晴彦
編集協力：河合寛子
編集：川崎阿久里（世界文化社）

本書は『「銀座レカン」髙良康之シェフが教え
るフレンチの基本』（2017年小社刊　編集：
鹿野真砂美＋株式会社世界文化クリエイティ
ブ）、『フライパンひとつで極みのフレンチ』
（2020年小社刊　編集：鹿野真砂美＋株式会
社世界文化ブックス）の収録レシピから厳選、
新たな写真を加えて再構成したものです。

愛蔵版　フレンチの基本
髙良シェフのおいしい理由
発行日　2024年6月10日　　初版第1刷発行

著者―――――髙良康之
発行者―――――岸 達朗
発行―――――株式会社世界文化社
　　　　　　〒102-8187　東京都千代田区九段北 4-2-29
　　　　　　電話　編集部 03（3262）5118
　　　　　　　　　販売部 03（3262）5115

印刷・製本―――株式会社リーブルテック

©Yasuyuki Takara 2024. Printed in Japan
ISBN 978-4-418-24301-3

落丁・乱丁のある場合はお取り替えいたします。
定価はカバーに表示してあります。
無断転載・複写（コピー、スキャン、デジタル化等）を禁じます。
本書を代行業者等の第三者に依頼して複製する行為は、たとえ個人や家庭内での
利用であっても認められていません。

本の内容に関するお問い合わせは、
以下の問い合わせフォームにお寄せください。
https://x.gd/ydsUz